MAISON DE L'EMPEREUR

LA VÉNERIE

1852-1870

TEXTE ET DESSINS PAR EMM. JADIN

D'APRÈS SES PROPRES ÉTUDES ET LES DESSINS ET CROQUIS DE SON PÈRE

GODEFROY JADIN

PARIS

GOUPIL & Cⁱᵉ, ÉDITEURS-IMPRIMEURS

MANZI, JOYANT & Cⁱᵉ, ÉDITEURS-IMPRIMEURS, SUCCESSEURS

24, BOULEVARD DES CAPUCINES, 24

1905

LA VÉNERIE

1852 - 1870

MAISON DE L'EMPEREUR

LA VÉNERIE

1852 - 1870

TEXTE ET DESSINS PAR EMM. JADIN

D'APRÈS SES PROPRES ÉTUDES ET LES DESSINS ET CROQUIS DE SON PÈRE

GODEFROY JADIN

PEINTRE DE LA VÉNERIE

PARIS

GOUPIL & CIE, ÉDITEURS-IMPRIMEURS

MANZI, JOYANT & CIE, ÉDITEURS-IMPRIMEURS, SUCCESSEURS

24, BOULEVARD DES CAPUCINES, 24

1905

A SON ALTESSE

LE PRINCE MURAT

CES SOUVENIRS ET CES RECONSTITUTIONS
DE « LA VÉNERIE IMPÉRIALE » SONT
RESPECTUEUSEMENT DÉDIÉS

PAR SON TRÈS ANCIEN ET
TRÈS DÉVOUÉ SERVITEUR

EMM. JADIN.

Le Page

Son portrait à l'époque de la
Restauration a figuré à
l'Exposition de la Vénerie.
Il était entouré d'égards par
Charles X qui disait volontiers
« La Page a parlé, inclinons nous »
Il avait paraît-il un fort mauvais
caractère. À un officier qui lui
faisait une observation, il
répondit « Valet, je le suis,
« mais de votre Maître »
Après sa retraite, il revint
plusieurs fois à la chasse ; le

Tenue
———

La Tenue du baron de Bourgoing
enfant est ou [provient] de l'armée.
Compagnon de jeux et ami du
prince Impérial, il fut probablement
pour cette raison invité à suivre
les chasses.

D'après Léon Labbé (le Bouton
de Vénerie) le bouton des maîtres
avait le fond d'or, celui des Dames
en émail vert, celui des hommes
en argent.

D'après M. Boulanger (le Cour
des Tuileries), les officiers de Vénerie
portaient à la Cour l'habit de chasse

MAISON DE L'EMPEREUR

LA VÉNERIE

1852 - 1870

FORMATION DE LA VÉNERIE

En mars 1852, le Prince Président décida de reprendre, comme l'avait fait le Premier Consul, les laisser-courre dans les forêts du Domaine royal.

Il fit demander au marquis de l'Aigle, qui chassait le cerf dans la forêt de Compiègne, de lui céder son équipage. Le marquis de l'Aigle, n'ayant plus la forêt, n'avait que faire d'un équipage dans la voie du cerf, et il consentit à vendre son équipage au Prince Président qui, pour le dédommager, lui permit de courir le sanglier et le daim dans les trois forêts de Compiègne, de Laigue et d'Ourscamp.

Le Prince Président nomma le comte Edgard Ney chef d'équipage et le chargea de recruter le personnel, qui fut recherché dans l'ancien personnel de la Vénerie royale. Le comte Edgard Ney fit venir M. La Trace et lui demanda de vouloir bien se charger de trouver et de réunir ce personnel. M. La Trace accepta et présenta peu après les hommes qu'il croyait aptes à faire honneur à l'équipage du Prince Président, en disant : « Ils ne sont pas bien frais, mais, sous l'uniforme, outre leur valeur, ils seront bien. »

Il proposa Leroux pour son second.

Le comte Edgard Ney accepta et nomma M. La Trace premier piqueur commandant. M. La Trace eut l'uniforme des hommes, mais avec le galon des maîtres et le chapeau galonné or.

Le marquis de Toulongeon, aide de camp du Prince Président, et le baron Lambert, chef d'escadron au 6ᵉ Hussards, en garnison à Fontainebleau, parent du comte Edgard Ney (qui était alors colonel au 6ᵉ Hussards), prirent grande part à la formation de l'équipage.

L'équipage se forma à Fontainebleau. En juillet 1852, y arrivèrent, amenant les quarante chiens anglais composant l'équipage de cerf cédé par le marquis de l'Aigle au Prince Président, E. Lémans, second piqueur, et Laverdure, valet de chiens à pied. Ces deux hommes restèrent à l'équipage.

L'équipage fut établi momentanément au « vieux chenil », appelé alors « le Carrousel », à la grille de l'avenue de Maintenon (ce local devint les écuries de l'Empereur). M. La Trace et le personnel réuni par lui arrivèrent peu après, et l'équipage s'installa définitivement aux Héronnières.

En novembre, on commença les chasses. Le Prince Président fit un voyage à Fontainebleau avec quelques invités, dont la comtesse de Montijo, et sa fille, la comtesse de Téba.

A l'une des chasses, la comtesse de Téba montait le cheval « Chevreuil », qui s'emporta, à la grande inquiétude de tous et du Prince Président en particulier. Le Prince pria la marquise de Contades, écuyère remarquable, de changer de cheval avec la comtesse de Téba.

Le 30 novembre, l'équipage partit pour Compiègne.

L'Empire ayant été proclamé le 1ᵉʳ décembre, l'équipage du Prince Président devint la Vénerie impériale. L'Empereur nomma les officiers de la Vénerie. Il fit un voyage à Compiègne dans le courant de décembre. Après la curée d'un cerf pris à l'étang de Sainte-Périne, le marquis de Toulongeon dit à M. La Trace : « Vous avez vu ces deux dames qui ont suivi la chasse? Eh bien, c'est Madame de Montijo et sa fille, qui va devenir l'Impératrice. »

Le 9 février 1853, la Vénerie vint s'installer à Saint-Germain. Au mois d'avril, Leroux fut envoyé en Angleterre et en ramena soixante chiens, qu'on vint chercher à la gare de Pontoise. La meute était alors de cent chiens.

Pendant ce séjour à Saint-Germain, entre les chasses, les hommes panneau-

ÉDOUARD DETAILLE

L'Empereur Napoléon III au Camp de Chalons

peu après les hommes qu'il croyait aptes à faire honneur à l'équipage du Prince-Président, en disant : « Ils ne sont pas bien frais, mais, sous l'uniforme, outre leur valeur, ils seront bien. »

Il proposa Leroux pour son second.

Le comte Edgard Ney accepta et nomma M. La Trace premier piqueur commandant. M. La Trace eut l'uniforme des hommes, mais avec le galon des maîtres et le chapeau galonné or.

Le marquis de Toulongeon, aide de camp du Prince Président, et le baron Lambert, chef d'escadron au 6ᵉ Hussards, en garnison à Fontainebleau, parent du comte Edgard Ney (qui était sous-lieutenant au 6ᵉ Hussards), prirent grande part à la formation de l'équipage.

L'équipage se forma à Fontainebleau, amenant les quarante chiens anglais composant l'équipage de cerf vendu par le marquis de l'Aigle au Prince Président, E. Lémans, second piqueur, et Laverenne, valet de chiens à pied. Ces deux hommes restèrent à l'équipage.

L'équipage fut établi momentanément au « vieux chenil », appelé alors « le Carrousel », à la grille de l'avenue de Maintenon (ce local devint les écuries de l'Empereur). M. La Trace et les premiers chiens lui arrivèrent peu après, et l'équipage s'installa définitivement aux Tournicres.

En novembre, on commença les chasses. Le Prince Président fit un voyage à Fontainebleau avec quelques invités, dont la comtesse de Montijo, et sa fille, la comtesse de Téba.

A l'une des chasses, la comtesse de Téba montait le cheval « Chevreuil », qui s'emporta, à la grande inquiétude de tous et du Prince Président en particulier. Le Prince pria la marquise de Contades, écuyère remarquable, de changer de cheval avec la comtesse de Téba.

Le 30 novembre, l'équipage fut dissous par décret.

L'Empire ayant été proclamé le 2 décembre, l'équipage du Prince Président devint la Vénerie impériale. L'Empereur nomma les officiers de la Vénerie. Il fit un voyage à Compiègne dans le courant de décembre. Après la curée d'un cerf pris à l'étang de Saint-Périne, le marquis de Toulongeon dit à M. La Trace : « Vous avez vu ces deux dames qui ont suivi la chasse? Eh bien, c'est Madame de Montijo et sa fille, qui va devenir l'Impératrice. »

Le 9 février 1853, la Vénerie vint s'installer à Saint-Germain. Au mois d'avril, Leroux fut envoyé en Angleterre et en amena soixante chiens, qu'on vint chercher à la gare de Pontoise. La meute fut alors de cent chiens.

Pendant ce séjour à Saint-Germain, entre les chasses, les hommes panneau-

taient des cerfs en forêt de Saint-Germain et en forêt de Marly pour repeupler les forêts de Compiègne et de Rambouillet.

LES OFFICIERS DE LA VÉNERIE

L'équipage du Prince Président étant devenu, en décembre 1852, la Vénerie de la Couronne, l'Empereur nomma les officiers de la Vénerie. Ce furent :

Grand veneur : le maréchal MAGNAN.
Premier veneur : le colonel comte EDGARD NEY.
Commandant des chasses à tir : le marquis de TOULONGEON.
Lieutenant de Vénerie faisant fonction de chef d'équipage, ne quittant pas la Vénerie : le chef d'escadron baron LAMBERT.
Lieutenant de Vénerie : le marquis de LATOUR-MAUBOURG.
Lieutenant, porte-arquebuse pour les chasses à tir : le baron de LAGE.
Médecin suivant les chasses : le docteur AUBIN DES FOUGERAIS.
La fonction de *porte-arquebuse auprès des souverains étrangers* était remplie par le lieutenant de Vénerie, baron LAMBERT.

A ce moment, la charge de Grand veneur était une dignité honorifique. Le chef effectif des services était le comte Edgard Ney, premier veneur.

Il avait sous ses ordres les Conservateurs et Inspecteurs des forêts de la Couronne, les Gardes forestiers et la police des chasses. Il faisait le rapport à l'Empereur. Il était suivi par le Premier piqueur des écuries de la Vénerie, qui était son porte-trompe.

Le Premier veneur était chargé de tout ce qui regardait l'entretien de la Vénerie. Il demandait les fonds au ministère de la Maison de l'Empereur.

L'hôtel de la Vénerie, à Paris, où demeurait le Premier veneur, et où était installé le secrétariat (M. Rollet était le secrétaire général), était situé 88, avenue Montaigne. Il fut ensuite 12, rue de Marignan.

En 1854, M. Godefroy Jadin fut nommé peintre de la Vénerie.

En 1865, à la mort du maréchal Magnan, le comte Edgard Ney (devenu, en 1857, prince de la Moskowa), fut nommé grand veneur et resta le chef effectif des services.

Le marquis de Toulongeon devint premier veneur.

En 1868, à la mort du marquis de Toulongeon, il ne fut pas nommé de Premier veneur. Le baron Lambert fut nommé commandant de la Vénerie et le marquis de Latour-Maubourg capitaine des chasses.

Le baron de Lâge mourut en juin 1869, et, en novembre, le comte Costa de Beauregard fut nommé lieutenant porte-arquebuse pour les chasses à tir.

En décembre 1869, il y eut une interpellation au Corps législatif sur les officiers de la Maison de l'Empereur qui étaient en même temps députés. On les obligea à donner leur démission. Le marquis de Latour-Maubourg démissionna de sa fonction de capitaine des chasses et conserva le titre de chambellan honoraire.

Cette démission entraîna, en mars 1870, la nomination du marquis de Castelbajac comme capitaine des chasses.

LES COSTUMES

Sur l'uniforme de la Vénerie on ne portait pas de décorations à la chasse. On ne les mettait que pour assister à des cérémonies comme la messe du 15 août.

En chasse, l'Empereur seul portait la plaque de la Légion d'honneur.

L'Empereur, l'Impératrice et le Prince Impérial avaient la plume blanche au tricorne.

Les boutons d'uniforme étaient à fond d'argent avec un cerf au galop en relief, en or, pour les maîtres, en argent comme le fond, pour les hommes.

LES OFFICIERS DE LA VÉNERIE

Le comte Edgard Ney, chef de l'équipage du Prince Président, porta le costume qu'eurent les officiers de la Vénerie, mais, pour coiffure, il avait la cape qui fut remplacée par le tricorne Louis XV, dit lampion, galonné d'un galon de vénerie de trois centimètres de large avec un bouton sur la pointe du triangle d'ornement à gauche.

COSTUME DE CHASSE

Habit vert à la française, mais dont le col, en velours rouge, sans galon, était rabattu. Le galon bordant l'habit continuait sous le col, lui faisant doublure, et, quand on relevait le col (pour la pluie), ce galon paraissait. L'habit était galonné d'un galon de vénerie de trois centimètres et demi aux bords, aux poches en double triangle aux côtés arrondis. Le galon du haut de la poche, qui était simple, se continuait dans le dos et y formait trois dents à la taille. Le galon qui formait la dent du milieu descendait à la hongroise en bordant les basques. Sous chacun des boutons de taille placés sous les dents extérieures, descendait un galon à demi caché par le pli du pan de l'habit. Le bord du bas de l'habit n'avait pas de galon. Les parements des manches étaient en velours rouge avec galon de vénerie de trois centimètres placé en arceaux faisant quatre dents les pointes en bas.

Cravate blanche à deux tours et à nœud.

Gilet long (Louis XV) à col droit, en velours rouge, galonné aux deux bords d'un petit galon de vénerie de deux centimètres ainsi que les poches en forme de triangles aplatis.

Culotte de velours vert pour les chasses ordinaires et blanche pour les chasses de l'Empereur avec bas blancs faisant manchettes. En été, les bas blancs étaient remplacés par des manchettes en toile blanche se boutonnant sur le côté extérieur.

Bottes demi-fortes, c'est-à-dire fortes en dehors et assez souples en dedans.

Éperons argent.

Ceinturon de vénerie avec couteau et fouet ; gants de peau blancs.

COSTUME DE COUR

Habit de cour à queue vert, brodé or et argent au collet, aux parements, à l'écusson de taille, sur la poitrine et le bord des basques, boutonné devant avec des boutons à l'aigle couronnée or.

Pas de gilet.

Culotte blanche et bottes à l'écuyère vernies, ou bien le pantalon vert à bande d'or.

L'épée.

Chapeau bicorne en colonne.

Les officiers de la Vénerie mettaient le soir, le plus ordinairement, le costume de la Maison de l'Empereur :

Habit bleu doublé de satin blanc à boutons à aigle couronnée.

Gilet blanc à boutons or.

Culotte courte noire, avec bas de soie noirs ou pantalon collant noir et chaussettes noires à jours et escarpins.

Bicorne claque.

LES AMAZONES

Tricorne galonné de galon de vénerie, avec plumes noires dépassant un peu le galon et un gros nœud de taffetas noir pendant en arrière du tricorne couvrant les cheveux.

Casaque assez longue, verte, bordée entièrement de galon de vénerie de trois centimètres. Sur la poitrine, sur le galon de droite, étaient neuf boutons de deux centimètres qui simulaient de boutonner la casaque, laquelle, en réalité, était fermée par des agrafes entre les deux galons la bordant. A chaque bouton, un galon était placé en brandebourg en travers de la poitrine et ces galons se raccourcissaient à mesure qu'ils s'approchaient de la taille. A partir du dernier bouton, la casaque s'évasait un peu et les coins en étaient arrondis.

Les poches étaient galonnées en double triangle arrondi des côtés, le galon supérieur de la poche était simple et se continuait dans le dos où il formait, à la taille, trois dents assez droites. Le galon formant la dent du milieu descendait à la hongroise en bordant les basques. Sous chacun des boutons de taille descendait un galon à demi caché par le pli du pan de la casaque.

Parements des manches en velours rouge avec galon de vénerie en arceaux faisant quatre dents.

Col rabattu de la casaque, en velours rouge, avec une cravate de dentelle maintenue par un petit velours noir, dite « à la Steinkerke ».

Grande jupe verte.

Gants de peau blancs.

LE BOUTON

Les personnes ayant le Bouton dînaient au château le soir des chasses.

Ont eu le Bouton : Les écuyers qui accompagnaient l'Empereur à la chasse ; — beaucoup des officiers de la Maison civile et militaire de l'Empereur ; — le Prince Napoléon ; — le prince

Murat; — le prince Joachim-Napoléon Murat; — le prince de Galles (depuis le roi Édouard VII); — le duc de Brabant (depuis le roi Léopold II); — le comte de Flandre; — le roi de Portugal don Luis Ier; — S. A. R. le duc de Béjar; — le prince Nicolas de Nassau; — le prince Henri VII de Reuss; — le prince d'Orange; — le grand-duc de Toscane; — le duc d'Albe; — le duc de Huescar, comte de Montijo; — Lord Cowley, ambassadeur d'Angleterre; — le prince de Metternich, ambassadeur d'Autriche; — M. Heeren, ministre des Villes libres hanséatiques; — le duc de Morny; — le général Fleury; — le duc de Persigny; — M. Achille Fould; — le duc de Vicence; — le marquis de Caulaincourt; — le marquis de Croix; — le maréchal de Mac-Mahon; — le duc de Mouchy; — le comte Adalbert de Talleyrand-Périgord, duc de Montmorency; — le duc d'Elchingen; — le duc de Trévise; — le marquis de l'Aigle; — le comte Robert de l'Aigle; — le comte Frédéric de l'Aigle; — le duc de Caumont la Force; — le duc de Gramont-Caderousse; — le comte de Nieuwerkerke; — le marquis de Galliffet; — le comte Aguado; — le vicomte Aguado; — le baron de Graffenried-Villars; — le baron de Poilly; — le baron de Condé; — M. de Ranchicourt; — le comte Edmond de Pourtalès; — le prince Stanislas Poniatowski; — le comte de Gouy d'Arsy; — le duc de Padoue; — le comte Bentivoglio; — le comte de Galve; — M. Juteau; — M. Édouard Delessert; — le baron d'Offémont; — M. de Montgermont; — M. Barachin; — le baron de Pierres; — le marquis de Lancosme-Brèves; — M. Pierre Alvarez de Toledo; — M. Tomas Caro y Alvarez de Toledo; — le baron de Bourgoing; — le colonel comte d'Espeuilles; — le commandant Charles Duperré; — M. Bachon; — les deux fils du général Fleury; — le fils du général Espinasse; — le fils du docteur Conneau; — le fils du docteur Corvisart; — M. Pierre de Bourgoing.

La princesse Anna Murat; — la marquise de Contades, qui devint plus tard la comtesse de Beaulaincourt; — la comtesse de la Bédoyère; — la baronne de Pierres; — Madame Amédée Thayer; — Lady Cowley; — la duchesse d'Albe; — la comtesse Sclafani.

LE CHENIL

TENUE D'ÉQUIPAGE

LES HOMMES A CHEVAL

Bicorne en bataille galonné argent avec cocarde tricolore.

Habit à la française en drap vert, galonné de galon de vénerie de trois centimètres et demi de large au col qui était droit, sur les épaules autour du col, descendant sur chaque bord de l'habit, aux poches en double triangle arrondi des côtés. Le galon du haut de la poche, qui était simple, se continuait dans le dos pour y faire trois dents à la taille. Le galon qui faisait la dent du milieu descendait à la hongroise en bordant les pans. Un galon descendait de chacun des boutons de taille, à demi caché par le pli du pan qui cachait aussi à demi un bouton placé au bas de ce galon.

Parement des manches en drap rouge avec galon de vénerie en arceaux faisant quatre dents la pointe en bas.

Cravate blanche à deux tours à nœud.

Gilet long (Louis XV) en drap rouge, à col droit, galonné aux deux bords du petit galon de vénerie de deux centimètres ainsi que les poches en forme de triangle aplati.

Culotte en velours vert pour les chasses ordinaires et en drap rouge pour les chasses de l'Empereur (à partir de 1855), bas blancs faisant manchettes.

Bottes de vénerie fortes, éperons noirs, sauf le premier piqueur qui les avait argent.

Trompe demi-Dampierre.

Ceinturon avec couteau de chasse à manche d'ébène monté en argent. Fouets tous pareils ; manche en jonc plus ou moins foncé avec une couronne de jeune cerf sans andouillers au talon. Sur le milieu de la couronne était un numéro d'une série allant depuis un, du premier piqueur, jusqu'au dernier valet de chiens.

Gants de peau blancs.

LES VALETS DE CHIENS A PIED

Bicorne en bataille galonné argent, cocarde tricolore.

Veste courte à taille, verte, à bords arrondis, avec trois fentes derrière formant deux petites basques. Galonnée d'un galon d'argent de trois centimètres de large, au col qui était droit à la française, sur les épaules autour du col et bordant toute la veste y compris les deux petites basques en formant trois pointes à la hongroise dans le dos à la taille, ainsi que le triangle allongé des poches. Un bouton dans chacune des dents extérieures de la taille. Parement des manches en drap rouge avec galon de vénerie de trois centimètres de large placé en arceaux faisant quatre dents.

Cravate blanche à deux tours à nœud.

Gilet long (Louis XV) en drap rouge comme les hommes à cheval.

Culotte de velours vert pour les chasses ordinaires et de drap rouge pour les chasses de l'Empereur (depuis 1855). Bas blancs montant haut avec jarretières en cuir verni noir à boucles, souliers noirs cirés à cordons.

Pour les chasses ordinaires, par grand froid ou très mauvais temps, de grands bas de laine gris remplaçaient les bas blancs.

A la formation, les valets de chiens à pied étant des hommes, ils avaient la demi-Dampierre et le couteau de chasse en sautoir. Dans la suite furent nommés des jeunes gens, fils des piqueurs la plupart; on leur donna alors la petite trompe et, en 1858, on supprima le couteau de chasse aux valets de chiens à pied.

LES HOMMES A CHEVAL

Pour aller au bois les jours de chasse, les hommes avaient le vêtement avec lequel ils chassaient. Ils avaient la culotte verte et des guêtres de cuir fauve à boucles et à dessous de pieds, montant au-dessus du genou. Ils portaient le couteau de chasse en sautoir avec leur fouet.

La carriole leur apportait au rendez-vous, avec leur déjeuner, leurs bottes et leur trompe. Elle leur apportait aussi la culotte rouge les jours de chasse de l'Empereur.

COSTUMES D'INTÉRIEUR

Le premier piqueur était en bourgeois.

LES VALETS DE LIMIERS

La casquette plate dite tampon en drap vert, dessus en cuir verni comme la visière, avec un large galon de vénerie.

Jaquette de drap vert avec gros boutons de vénerie et deux petits boutons au bout des manches.

Gilet de drap vert à petits boutons de vénerie, pantalon de drap vert.

LES VALETS DE CHIENS A PIED

Casquette plate de même.

Veston et gilet de drap vert, tous deux avec des petits boutons de vénerie.

Pantalon noisette.

Le boulanger était comme les hommes à pied.

Pour les chasses d'entraînement ou pour faire rentrer des animaux en forêt en été les hommes étaient ainsi habillés : la casquette, la jaquette et gilet d'intérieur, la culotte de velours vert, les bottes fortes et des bas gris faisant manchettes pour les hommes à cheval. Les valets de chiens à pied : la casquette, le veston et le gilet d'intérieur, la culotte de velours vert, de grands bas gris à jarretières et des souliers.

En 1856, à Rambouillet, on a donné aux hommes, pour ces chasses, des casquettes couvertes de drap vert (au lieu de cuir verni) à cause du soleil.

Pour les jours de reconnaître, les valets de limiers avaient la même tenue que pour les chasses d'entraînement, mais ils avaient la guêtre au lieu de la botte forte et le couteau de chasse en sautoir. Le fouet n'était pas obligatoire.

Quand les voyages se firent par étapes, les hommes du chenil portaient la tenue de chasse et le bicorne était recouvert d'une toile cirée.

L'ÉCURIE

TENUE D'ÉQUIPAGE

LE PREMIER PIQUEUR

La toque de velours noir, avec galon de soie noire. Habit assez court se boutonnant droit, avec douze boutons moyens. Les basques s'évasant beaucoup à partir du dernier bouton, dégageant les cuisses et laissant voir sous le ceinturon le bout du gilet. Il est galonné d'un galon argent moyen au col droit et autour du col sur les épaules, rejoignant le premier bouton, où il s'arrête. Pas de galon au bord de l'habit. Sur la poitrine, chaque bouton posé sur un galon placé en brandebourg, qui se rejoint au galon du bouton du dessous, en faisant une pointe en angles du côté des bras, reliant ainsi les boutons de deux en deux. Dans le dos, deux boutons de taille et deux en bas des plis du pan. Parements des manches petits et étroits, en drap rouge, avec un galon remontant en pointe étroite jusqu'au tiers du bras.

En 1856, Louis succède à Auguste comme premier piqueur de l'écurie. On modifie l'habit. Il s'évase moins du bas. Le galon est plus large (trois centimètres et demi). Après avoir fait le tour du col, il ne s'arrête plus au premier bouton, il continue et borde l'habit jusqu'en bas. Sur la poitrine, cinq brandebourgs formés de deux galons accouplés, formant pointe à la hongroise du côté des bras. Cet habit a neuf gros boutons de vénerie placés alternativement sur les brandebourgs et entre les brandebourgs. Dans le dos, à la taille, il y a trois dents en galon. Le galon qui fait la dent du milieu descend à la hongroise en bordant les pans. Les deux boutons de taille sont dans les deux dents extérieures dont le galon tourne en rond sous le bouton. Sous chaque bouton descend un galon à demi caché par le pli du pan de l'habit, qui cache aussi à moitié le bouton placé au bas du pan.

Dans la suite, le galon argent qui, dans le principe, était le galon affecté à l'écurie, fut remplacé sur le costume du premier piqueur de l'écurie par le galon de vénerie. Entre le galon formant le col et celui sur les épaules autour du col, il y a une petite bande rouge de huit millimètres. Le galon simple du parement des manches est remplacé par deux galons superposés faisant pointe sur le bras. Ce double galon descend sous le petit bouton jusqu'au bas de la manche du côté extérieur, tandis que du côté intérieur il tourne sous la manche à trois centimètres du bord. Le rouge du parement n'occupe plus que l'intérieur de cette pointe et une bande de trois centimètres sous le galon.

Gilet drap rouge galonné d'un galon d'argent, puis, dans la suite, du galon de vénerie.

Culotte de peau blanche collante.

Bottes à revers et éperons argent.

Ceinturon de vénerie, avec couteau de chasse et fouet à crochet à mèche blanchie.

Gants de peau blancs.

Auguste portait la petite trompe. Louis ne la porta pas.

LES DEUX SOUS-PIQUEURS

Chapeau haut de forme en soie.

Redingote de drap vert boutonnée d'un rang de gros boutons de vénerie et deux petits boutons aux manches.

Gilet de drap vert à petits boutons de vénerie.

Culotte de peau blanche.

Bottes à revers et éperons argent.

Gants de peau blancs.

Le fouet-cravache qu'ils portèrent d'abord à la main fut remplacé par le fouet à crochet à mèche blanchie.

LES HOMMES

Chapeau haut de forme.

Redingote de drap vert boutonnée d'un rang de gros boutons de vénerie, deux petits aux manches.

Gilet de drap vert à petits boutons.

Pantalon noisette avec échancrure sur le pied, en dehors.

Gants de peau blancs.

Cette tenue des hommes était pour les chasses de l'Empereur. Pour les chasses ordinaires, les hommes de l'écurie portaient leur costume d'intérieur.

Par le froid ou la pluie, ils portaient en plus la grande redingote verte, tombant aux pieds, avec deux rangs de gros boutons de vénerie devant et deux de taille derrière, et deux petits boutons aux manches.

LE POSTILLON

Chapeau de cuir bouilli, galon argent, cocarde tricolore, nœud argent.

Veste verte, col rouge bordé argent en haut et en bas, revers rouges bordés argent, parements rouges bordés argent, brassard rouge bordé argent, avec plaque à N couronné.

Gilet rouge galonné de petits galons argent, placés en brandebourg sur les boutons assez rapprochés.

Calotte de peau jaune.

Bottes fortes, éperons noirs.

Gants jaunes.

Fouet de poste.

LE COCHER qui est ensuite monté sur le siège : chapeau haut de forme.

La grande redingote verte tombant aux pieds, avec deux rangs de gros boutons de vénerie.

Pantalon noisette.

Gants de peau blancs.

TENUE D'INTÉRIEUR

LE PREMIER PIQUEUR était habillé à sa fantaisie.

LES DEUX SOUS-PIQUEURS

Casquette plate verte, dessus en cuir verni, galonnée d'un large galon argent.

Juquette verte à gros boutons de vénerie.

Gilet vert à petits boutons.

Pantalon vert.

LES HOMMES

Casquette plate verte, dessus en cuir verni, galonnée d'un large galon rouge en laine.

Veston et gilet verts à petits boutons de vénerie.

Pantalon noisette.

L'ÉQUIPAGE

LES PREMIERS PIQUEURS

M. La Trace (Louis Reverdi en son nom) chargé par le comte Edgard Ney de recruter le personnel et d'organiser l'équipage du Prince Président, avait le titre de *premier piqueur commandant*. Il avait la tenue des hommes, mais avec les galons des maîtres et le chapeau galonné *or*. Ce titre et ces galons étaient pour lui personnellement. Ses successeurs ne les eurent pas et furent simplement premiers piqueurs, avec le galon des hommes.

La Trace était né le 31 août 1785, à Saint-Maurice-sur-Aveyron, Loiret.

Il a raconté : « En 1801 (j'avais alors seize ans) en conduisant huit chiens de M. Besnard (de Senlis) qui chassait le chevreuil en forêt de Chantilly, avec l'équipage de M. de Poter, j'ai eu l'honneur de voir, pour la première fois, le Premier Consul arrivant de Marengo. A cette chasse, le général Bonaparte montait « La Belle », la jument qu'il avait le jour de la bataille. Après une heure de promenade, le général quitta la chasse pour gagner le château de Mortefontaine. En descendant la côte de Montgrésin, à la sortie de forêt, sa jument fit un faux pas et tomba sous lui. Dans cette chute qui pouvait être grave avec une bête moins sage, le Premier Consul fut blessé à la tête. On le fit entrer au château de la Chapelle-en-Serval, où on le pansa, et, aussitôt après, nous le vîmes, remontant à cheval, continuer sa route en rassurant chacun sur sa blessure. »

La Trace entra deux ans après à l'équipage du Premier Consul, comme valet de chiens à pied, le 27 floréal an XI (17 mai 1803). Il fut nommé valet de chiens à cheval, en 1805 ; valet de limiers à pied, en 1812, à la Vénerie impériale, qui devint à la Restauration la Vénerie royale. Il fut valet de limiers à cheval, en 1817 ; piqueur, le 1er mars 1820 ; premier piqueur piquant, en place de Leroux père, le 1er janvier 1828 ; premier piqueur commandant la Vénerie du Roi, en remplacement de Dutillet, dit Mousquetaire, le 12 juillet 1829. Après la Révolution de 1830, La Trace se retira à Versailles.

En 1834, il entra comme piqueur chez le prince Lobanoff qui, habitant au Château-Neuf, à Asnières-sur-Oise, désirait former un équipage pour chasser le chevreuil à Chantilly.

Les chiens, recrutés à droite et à gauche et ayant en majeure partie chassé le lièvre, ne tenaient pas la voie cinq minutes sans prendre change. La Trace fit seize chasses sans résultat. Il ne perdit pas courage et, remarquant que plus ses chiens travaillaient, plus ils devenaient obéissants et mieux ils goûtaient la voie de l'animal de meute, il continua et, après les seize retraites manquées, il prit huit chevreuils en neuf chasses et fit de ces chiens un équipage hors ligne.

Vers la fin de 1835, La Trace suivit ses chiens achetés par MM. Thuret de Guirmantes, qui chassaient en outre cerfs et sangliers dans les forêts d'Armainvilliers et de Crécy.

En juillet 1837, ces messieurs mirent bas.

Le comte Frédéric de Lagrange acheta ces chiens pour augmenter sa meute et s'attacha La Trace comme premier piqueur. Il vint donc à Dangu où il y eut une meute de quatre-vingts chiens excellents et un nombreux personnel.

L'équipage chassait cerf, sangliers et daims.

A cet équipage il arriva à La Trace un curieux incident, dans la forêt de Coucy et de Saint-Gobain. Le 23 février 1841, on chassait un sanglier à son tiers an ; à l'hallali qui dura cinquante minutes, le comte de Courval fut renversé et un paysan qui suivait la route fut fortement bousculé et blessé à la jambe. La Trace craignant pour ses chiens dont plusieurs étaient déjà blessés, voulut les arrêter. Le sanglier, le voyant, le chargea, mais son cheval, sans craindre le choc, renversa l'animal sous ses deux pieds de devant et le trépigna si bien que, lorsqu'il se débarrassa, il était, disait La Trace, trop malade pour recommencer la partie. Quand on dépouilla le sanglier au moment de la curée, on trouva que les deux grands filets avaient été détachés de la colonne vertébrale ! On peut juger, par là, de la vigueur des coups portés par le cheval.

En 1849, le comte de Lagrange réforma son équipage et garda La Trace comme régisseur jusqu'en mars 1852, époque à laquelle il fut chargé d'organiser la Vénerie avec le titre de premier piqueur commandant.

Au bout de trois ans, la Vénerie étant au point où il avait pris l'engagement de la mettre, c'est-à-dire sur le même pied que la Vénerie royale, avant 1830, il jugea que sa présence n'était plus nécessaire et qu'à son âge, après cinquante-deux ans passés dans les chasses, il lui était bien permis de prendre sa retraite, il fit donc sa dernière chasse, le 6 janvier 1855, et prit sa retraite en février.

Il disait que la plus grande difficulté qu'il avait rencontrée avait été d'arriver à une bonne attaque à cause de la forte remonte venue d'Angleterre en 1853 (60 chiens), dont les chiens attaquaient indifféremment toutes les voies qu'ils rencontraient.

M. La Trace vint se fixer à Dangu, en mars 1855, il y fut nommé maire le 25 juin de la même année et il y termina sa vie.

M. La Trace avait une grande autorité à la Vénerie. Il ne s'adressait pas aux hommes directement pour leur donner des ordres ou leur faire des observations, il le faisait toujours par l'intermédiaire de Leroux, son second.

Bien que monté sur des chevaux excellents, M. La Trace suivait la chasse au trot, surveillant tout. A la moindre faute, on le voyait arriver comme une flèche, appeler « Leroux » et lui donner ses ordres pour remédier à la faute commise. Les officiers de la Vénerie eux-mêmes reconnaissaient l'autorité de ses avis.

M. La Trace ne fut pas seulement un remarquable veneur, il était aussi un chef d'équipage hors ligne, sachant organiser, commander et se faire obéir. Avec cela il avait conservé les grandes traditions de la Vénerie française.

Pour finir par une anecdote, j'ai entendu le comte Edgard Ney raconter que, le jour où le Prince Président vint chasser pour la première fois, il lui présenta M. La Trace comme l'organisateur de son équipage. En réponse à un mot aimable du Prince Président sur ses brillants et vieux états de service, La Trace lui répondit : « Monseigneur, j'ai eu l'honneur de découpler pour Sa Majesté l'Empereur et Roi Napoléon Ier. Un jour le rendez-vous était ici même, à la Croix de Toulouse (à Fontainebleau). La voiture qui amenait Sa Majesté l'Empereur et Roi arrivait à ce carrefour, tandis qu'il en partait encore du château, tant il y avait de rois et de princes dans sa suite ! »

Et, ajoutait le premier veneur, chaque fois que La Trace prononçait les mots Empereur et Roi, il saluait du chapeau, d'un beau geste à la française.

Leroux (Jean), fils de Leroux père qui avait été premier piqueur piquant à la Vénerie royale, succéda à M. La Trace comme premier piqueur le 1er mars 1855. Il prit sa retraite en 1862. Il avait été : valet de chiens à pied surnuméraire le 1er juin 1812 ; en pied en 1813 à la Vénerie impériale ; valet de chiens à cheval le 1er février 1817 ; valet de limiers à pied en 1826 à la Vénerie royale.

Firmin succéda à Leroux en 1862. Il fit sa première chasse à la Vénerie le 1er mai à Rambouillet.

Il fut congédié en octobre 1866.

Son père avait été à l'équipage du prince de Condé et lui avait légué les bonnes traditions. Il fut second piqueur à l'équipage Lareinty, puis premier piqueur à l'équipage de la Société de Chantilly.

Lémans (Eugène) succéda à Firmin en octobre 1866 et était encore premier piqueur au 4 septembre 1870, quand on licencia la Vénerie.

Deuxième piqueur chez le marquis de l'Aigle, il avait amené les quarante chiens cédés au Prince Président en 1852, et était entré à l'équipage comme second valet de limiers à cheval.

LES VALETS DE LIMIERS

Les valets de limiers allaient au bois entre les chasses, mais se gardaient bien de déranger les animaux.

S'ils avaient un jeune limier à dresser, ils faisaient suite, mais jamais un jour de chasse ou de reconnaître.

Les valets de chiens à cheval allaient au bois les jours de chasse. Le premier valet de chiens à pied y allait aussi, mais n'avait pas de limiers. Il suivait un chef de quête et faisait son apprentissage. Les jours de chasse il y avait trois quêtes. Les deux premières avaient chacune quatre hommes et la troisième trois hommes. Chaque quête avait son valet de limiers à pied qui restait en observation, tandis que les autres retournaient au rendez-vous.

Comme, à certains moments, il n'y a eu en pied que deux valets de limiers à pied, le troisième était un supplémentaire. Pour Compiègne, c'était Hubert, ancien valet de chiens à cheval, réformé pour chute de cheval et nommé concierge à la Vénerie. Pour Fontainebleau, c'était Chéron, ancien valet de limiers, retiré à Fontainebleau, ainsi que Verneuil, retraité valet de limiers et nommé concierge à la Vénerie. Pour Rambouillet, c'était Tillard dit Laforet.

A la formation, le premier valet de limiers à cheval était Camus. Il était entré à la Vénerie impériale en 1813 comme valet de chiens à pied. Il était valet de limiers à pied à la Vénerie royale en 1830.

Pour faire le bois il ne mettait jamais de guêtres, il avait des bas de laine et se chaussait de souliers napolitains.

Il est mort à Saint-Germain en 1856.

LES CHIENS

Les quarante chiens anglais cédés par le marquis de l'Aigle et arrivés en juillet 1852 à Fontainebleau furent la meute du Prince Président avec laquelle l'équipage fit la première saison de chasse de novembre 1852 à avril 1853.

Après la proclamation de l'Empire, Leroux, en avril, alla en Angleterre et ramena soixante chiens. La meute de la Vénerie Impériale fut alors de cent chiens, plus une vingtaine de limiers de différentes races françaises et des bâtards. La meute fut toujours de quatre-vingt-dix à cent chiens.

Dans le courant d'avril, le premier piqueur allait en remonte en Angleterre. Après trois ou quatre remontes, ce fut E. Lémans qu'on envoya en remonte à la place du premier piqueur, parce qu'il parlait anglais.

Irwin, marchand de chiens, fournissait la remonte. Il donnait le premier choix à l'Empereur.

Les chenils étaient faits avec de la paille de seigle (celle de froment blessant les chiens). Les bancs en bois plein étaient à charnières; ils étaient levés toutes les semaines et bien lavés dessous. Un lambris de chêne d'un mètre revêtait le mur au-dessus des bancs pour que les chiens n'eussent pas le contact du mur. Les murs étaient badigeonnés en blanc jaunâtre.

Le matin, après le pansage qui était fait à la brosse sèche (si un chien était sale on le lavait), on promenait les chiens durant une heure. Pendant ce temps, on mettait de la paille fraiche sur les bancs. Celle qui était sur les bancs était étendue par terre et celle qui était par terre était enlevée.

En été comme en hiver, il y avait de la paille par terre, mais en été on en mettait moins.

Les chiens étaient nourris de pain fait avec de la farine d'orge non blutée. On leur donnait la soupe tous les cinq jours en rentrant de la chasse.

Entre les chasses, on leur donnait le pain deux fois par jour, après l'ébat du matin et après l'ébat du soir. Les trois piqueurs et les hommes étaient présents à l'ébat de la meute et aux repas, sauf ceux occupés autre part.

Le matin et le soir, le premier valet de chiens à cheval pansait les chiens boiteux ou malades.

Les autres valets de chiens à cheval faisaient la semaine chacun à leur tour pour l'ébat des limiers avec les valets de chiens à pied, sauf celui qui était de garde.

Les valets de chiens à pied étaient de garde (nuit et jour) à tour de rôle aux chenils. La nuit, celui qui était de garde couchait dans la chambre de garde placée entre le chenil de la meute et celui des limiers sur lesquels il y avait des fenêtres. Par ordre, il ne devait jamais entrer dans un chenil sans s'être habillé et chaussé. Pour la nuit, chaque chenil était éclairé par une lanterne appliquée au mur faisant face au banc des chiens.

Deux baquets dans le chenil de la meute, et un dans celui des limiers, étaient pleins d'eau souvent renouvelée pour abreuver les chiens.

Dans le courant de mai, on passait les chiens à l'onguent après les avoir saignés. L'onguent se composait d'huile de noix, de fleur de soufre et de noix de galle tamisée.

A la formation, la marque des chiens fut un double V $\bigvee\!\!\bigvee$. Cette marque fut changée à la formation de l'équipage du prince de Wagram et du prince Murat, afin d'éviter la similitude de marque avec un équipage chassant à Fontainebleau, Villefermoys et Ourscamp (dans l'été de 1855).

La Vénerie prit alors la marque des souverains de France, la croix de Saint-Hubert dans un triangle . Le premier veneur chargea M. Godefroy Jadin, peintre de la Vénerie, d'en faire le modèle pour le chenil.

Pour créancer les jeunes chiens, en août ou septembre, on les découplait, vers cinq heures du matin, avec des vieux chiens, dans un entreillagement où il y avait un animal. Si besoin était, on tirait l'animal pour le leur faire prendre sans trop de fatigue.

Quelquefois, comme par exemple le 19 août 1869 à Fontainebleau, on tua un daguet et, à huit heures du matin, on en traîna la nappe dans le parc. On découpla les jeunes chiens et, au bout d'une demi-heure, on leur fit faire curée.

Il n'y a jamais eu de chiens enragés à la Vénerie Impériale. Mais, dans la remonte de 1870 venant d'Angleterre, il s'en est trouvé un. On s'en est aperçu à temps et on a abattu toute la remonte qui était encore en observation.

L'ÉCURIE

LES CHEVAUX

Les chevaux des hommes étaient des chevaux irlandais.

Tous les ans, le baron Lambert allait en remonte en Irlande et en ramenait des chevaux qui revenaient en général de 1,200 à 1,500 francs.

Ceux des officiers de la Vénerie étaient achetés à leur convenance.

Les officiers de la Vénerie avaient trois chevaux, les piqueurs trois chevaux, les valets de limiers à cheval deux chevaux et les valets de chiens à cheval un cheval.

Les chevaux des officiers de la Vénerie étaient harnachés à l'anglaise avec martingale de chasse et tapis de feutre blanc bordé de vert sous la selle, frontal vert à la bride.

Ceux des hommes étaient harnachés à la française : selle à la française de cuir fauve avec croupière et croupelin de drap rouge, martingale de chasse à la française, bride de cuir fauve à boucles carrées argent, mors à la française assez court avec des bossettes en métal blanc ornées d'une tête de cerf, mais, au lieu de chaînettes, la fausse gourmette était en cuir comme à l'anglaise. Étriers noirs à plateaux ronds à jours, qui ont été remplacés par des étriers ordinaires en acier poli. Le premier piqueur les a toujours eus en acier poli.

En été, tous les chevaux avaient le béguin de calicot blanc pour les préserver des mouches et du soleil.

Les trois piqueurs avaient la carabine à la selle.

Un homme d'écurie soignait deux chevaux.

Dans chaque grande écurie il y avait un homme de garde. Celui dont c'était le tour d'être de garde la nuit apportait ses draps et ses couvertures qu'il mettait sur un lit de sangle qu'il tendait le soir. L'écurie était éclairée par des lanternes appliquées au mur.

Les chevaux étaient en larges stalles séparées par de gros rondins entourés de tresses de paille descendant jusqu'à terre.

Ils étaient dans des boxes à l'infirmerie.

La nourriture des chevaux et le règlement de l'écurie étaient comme il suit : pour la nourriture, pour un cheval : 12 litres d'avoine, 1/2 botte de foin, 1 botte 1/2 de paille.

Les jours de chasse on donnait en plus une mâche composée, pour deux chevaux, de : 8 litres de son, 6 litres d'avoine, 1 litre de graine de lin, 1 litre d'orge, 2 litres féverole, 2 onces de sel de nitre.

Pour le règlement de l'écurie : à 5 heures du matin, une avoine, défriser les chevaux, lever les pailles, puis promenade d'une heure et demie ou deux heures; à 8 heures, le pansage, faire boire, puis, après, l'avoine et jeter une demi-botte de paille au râtelier, nettoyer l'écurie; à 4 heures du soir, le foin; à 4 heures 1/2, faire boire et donner après l'avoine; arranger les pailles pour la nuit; à 7 heures du soir, une botte de paille pour la nuit, une avoine et arranger les pailles.

Les chevaux de relais allaient au rendez-vous avec ceux montés à l'attaque, mais ils avaient une couverture et un camail et étaient tenus à la main.

Le premier piqueur de l'Écurie suivait la chasse. Au moment opportun, le premier sous-piqueur, conduisant le premier relais, laissait son relais s'avancer au pas, se portait en avant et se mettait en contact à vue avec le premier piqueur. Quand ce dernier jugeait bon de faire relayer les hommes, il tournait en rond au pas sur la route, c'était le signal pour faire avancer le relais. Le premier sous-piqueur revenait alors au galop à son relais et le faisait avancer au trot. Puis, le relais donné, il rentrait au pas à la Vénerie ramenant les chevaux qui avaient attaqué.

Le second sous-piqueur donnait le deuxième relais de la même façon.

LES VOITURES

A la formation, il y avait un break à caisse jaune mastic, siège vert, à réchampis rouges et roues rouges, attelé de deux chevaux blancs gris montés en poste.

Plus tard, il y a eu un vis-à-vis vert à réchampis rouges et l'on a cessé d'atteler en poste. Après le postillon (Dalibert), il n'y a eu à la Vénerie qu'un cocher (André Gauthier) et, le plus souvent, c'était Devaux, cocher du baron Lambert, qui montait sur le siège. Les chevaux n'étaient plus blancs gris.

Ensuite, on a fait faire à Fontainebleau, un break assez bas qui pouvait se couvrir et faisait omnibus. On s'en servait pour les chasses ordinaires, le vis-à-vis restant pour les chasses de l'Empereur.

Il y avait aussi une charrette suspendue à deux roues, verte d'abord puis remplacée par une jaune mastic, pour porter au rendez-vous le déjeuner des hommes qui allaient au bois ainsi que leurs trompes et leurs bottes.

Les harnais de la Vénerie étaient montés en argent, ce qui les distinguait de ceux des écuries de l'Empereur qui l'étaient en or.

Il y avait un **V** sur les œillères.

LES RÉSIDENCES

FONTAINEBLEAU

La Fontainebleau :

Aux Héronnières (actuellement l'École d'artillerie).

COMPIÈGNE

La Compiègne :

Dans le principe, la Vénerie occupait deux locaux séparés par la rue de la Procession, au faubourg Saint-Lazare.

1° Les bâtiments occupés actuellement par le haras où logeaient les officiers de la Vénerie et où étaient les écuries et les remises. Les Cent-gardes occupaient la grande écurie à droite.

2° De l'autre côté de la rue de la Procession, les bâtiments occupés aujourd'hui par l'Intendance, où étaient les chenils.

En 1860, on a fait les chenils à la place de l'écurie des Cent-gardes dont on a installé les écuries à la place des chenils.

Tous les services furent alors dans le même local occupé aujourd'hui par le haras.

SAINT-GERMAIN

La Saint-Germain :

Dans l'ancienne Vénerie du Roi.

RAMBOUILLET

La Rambouillet :

Dans les communs du château.

Formée en juillet 1852 à Fontainebleau, la Vénerie vint à Compiègne le 30 novembre.

Elle quitta Compiègne le 3 février 1853 et s'installa à Saint-Germain où elle passa l'été et revint à Compiègne en octobre.

En 1854, la Vénerie resta à Fontainebleau toute l'année, sauf un séjour à Compiègne, du 7 septembre au 17 novembre.

En 1855, elle resta à Fontainebleau jusqu'en octobre pour aller à Compiègne.

Jusqu'en 1859, la Vénerie, en quittant Compiègne en janvier, passa à Saint-Germain février, mars et avril; puis, à Rambouillet, mai, juin et juillet; ensuite, à Fontainebleau, août, septembre et octobre, pour revenir à Compiègne fin octobre.

A partir du 15 mars 1859, la Vénerie ne retourna plus à Saint-Germain à cause des entreillagements nombreux qui gênaient les chasses. Elle cessa d'aller à Rambouillet à partir du 23 septembre 1867. Elle n'y était pas venue depuis 1864, époque à laquelle elle y avait séjourné janvier, février, mars et avril.

Alors la Vénerie ne résida plus qu'à Compiègne et à Fontainebleau.

Elle arrivait à Compiègne vers le 15 octobre pour faire quelques chasses avant l'arrivée de l'Empereur qui y venait vers le 1ᵉʳ novembre. Vers le 15 février, elle revenait à Fontainebleau où elle chassait jusqu'en juin et même juillet, s'il y avait voyage de l'Empereur à Fontainebleau, puis elle se mettait au repos et recommençait à chasser en août le matin.

Le repos d'été était devenu nécessaire à partir du jour où l'on a cessé de chasser toute l'année, ce à quoi hommes, chiens et chevaux résistaient très bien. Mais les petits repos pendant les grandes chaleurs faisaient perdre aux chiens et aux chevaux leur condition; il mourut des chiens de chaleur, plusieurs en furent malades et les vipères causèrent bien des accidents. On décida donc un repos pendant les trois mois d'été, sauf les années où il y avait voyage de l'Empereur à Fontainebleau, pendant lequel on faisait alors quelques chasses soit le matin, soit à la fin de la journée.

Donc, à partir de 1868, la Vénerie réside de février à octobre à Fontainebleau, et d'octobre à février à Compiègne.

A la dernière chasse que la Vénerie faisait dans une résidence, après la curée, au moment du départ des officiers de la Vénerie, on sonnait la fanfare de la résidence où l'on allait se rendre et, de ce fait, la saison de chasse était close là où l'on était.

En arrivant dans une résidence, on sonnait la fanfare de cette résidence.

Jusqu'en 1865, la Vénerie allait par étapes d'une résidence à l'autre. Ces étapes étaient : de Fontainebleau à Compiègne, par Fontenay, Meaux et Crépy-en-Valois; de Fontainebleau à Rambouillet, par Étampes; de Compiègne à Rambouillet, par Chantilly, l'Isle-Adam et Saint-Germain.

A partir de 1865 ces voyages se firent par le chemin de fer, en train spécial prenant la ligne de ceinture.

En 1855, lors du voyage de la Reine d'Angleterre à Paris, la Vénerie, étant à Fontainebleau, partit pour Saint-Germain en train spécial, traversa Paris et gagna Saint-Germain par la route. L'Empereur offrant un goûter à la Reine Victoria au pavillon de la Muette en forêt de Saint-Germain, la Vénerie s'y rendait pour donner à ce rendez-vous de chasse son vrai décor.

LES ANIMAUX

Après la Révolution, il restait très peu de grands animaux dans les anciennes forêts de la Couronne. Napoléon Iᵉʳ les repeupla avec des grands animaux qu'il fit venir d'Allemagne. Les cerfs allemands étant plus gros de corsage et ayant la tête plus grande que les cerfs de France, les cerfs des forêts ainsi repeuplées sont notablement plus gros que la généralité des cerfs de France. Ils sont souvent méchants, chargent volontiers les chevaux et les hommes, rudoient les chiens qu'ils blessent souvent et tuent quelquefois.

A Fontainebleau, les grands animaux augmentèrent dans une telle proportion, que la chasse y était devenue d'une grande difficulté. Combien souvent on rencontrait des hardes de 30, 40, 50 animaux, et cela, non rassemblés par le froid, mais en bonne saison !

Vers 1860, il fut décidé qu'on détruirait 400 jeunes cerfs ou biches par le fusil et les panneaux. Il n'y parut pas. On recommença l'année suivante sans plus d'effet apparent. Le résultat ne devint sensible qu'après une troisième année de destruction, c'est-à-dire après en avoir tué 1200. En un seul panneautage, entre autres, au carrefour de Clairbois, après avoir fait un fermé de nuit, on eut 44 jeunes cerfs ou biches.

Malgré cette destruction, je trouve sur un calepin de valet de limiers que, le 1ᵉʳ octobre 1862, les valets de limiers avaient connaissance à Fontainebleau de 373 animaux, dont 50 cerfs dix cors.

LA CHASSE

La Vénerie chassait tous les cinq jours. Quand le cinquième jour tombait un dimanche, on remettait au lundi.

Pour aller au rendez-vous, les valets de chiens à pied conduisaient la meute : deux devant, deux derrière, et le premier piqueur qui ne faisait pas le bois suivait ses chiens.

Les autres hommes allaient au bois et montaient à cheval au rendez-vous.

Un valet de chiens à pied ramenait les limiers à la vénerie.

Le premier et le deuxième valet de chiens à cheval et le premier et le deuxième valet de chiens à pied étaient de meute, les autres étaient aux relais.

Le premier piqueur faisait le rapport à l'officier de la Vénerie commandant la chasse, qui décidait à quelle brisée on irait attaquer.

Pour aller attaquer, le valet de limiers à cheval, chef de la quête où l'on allait, montait à cheval, partait au trot avant l'équipage, et allait s'assurer, auprès du valet de limiers à pied qui gardait l'enceinte, de ce qui se passait. Puis la meute venait au pas, ayant devant elle deux valets de chiens à pied et, derrière elle, les hommes à cheval et les veneurs.

A l'enceinte, le troisième piqueur prenait les quatre chiens d'attaque. Les autres hommes prenaient les chiens de meute à la harde, sauf le premier piqueur et le second piqueur qui observaient autour de l'enceinte.

A la brisée, le valet de limiers redressait la voie, le valet de limiers à cheval découplait les quatre chiens d'attaque et foulait avec le troisième piqueur.

EMM. JADIN

Valet de Chiens rappelant les chiens.

À [illegible] grands animaux [illegible] telle proportion, que [illegible] on rencontrait [illegible] froid, mais [illegible].

[illegible] avantage, entre autres, au [illegible] de Charles [illegible] eut 44 jeunes cerfs ou biches.

Malgré cette destruction, je trouve sur un calepin de valet de limiers que, le [illegible] octobre 1862, les valets de limiers avaient connaissance à Fontainebleau de 373 animaux, dont 50 cerfs dix cors.

EMM. JADIN

LA CHASSE

La [illegible] chassait tous les [illegible] jours. Quand le cinquième jour tombait un dimanche, [illegible].

[illegible] conduisaient la meute : [illegible].

[illegible] le deuxième valet de limiers à cheval le premier et le [illegible] les chiens à [illegible] les relais.

Le premier piqueur faisait [illegible] commandant la chasse, qui décidait à quelle brisée on irait attaquer.

Pour aller attaquer, le valet de limiers à cheval, chef de la quête où l'on allait, montait à cheval, partait au trot avant l'équipage, et allait s'assurer, auprès du valet de limiers à pied qui gardait l'enceinte, de ce qui se passait. Puis la meute [illegible] devant elle deux valets de chiens à pied et, derrière elle, les hommes à cheval [illegible] les veneurs.

À l'enceinte, le troisième piqueur prenait les quatre chiens d'attaque [illegible]. Les autres hommes prenaient les chiens de meute à la harde, sauf le premier piqueur et le second piqueur qui observaient autour de l'enceinte.

À l'enceinte, le valet de limiers redressait la voie, le valet de limiers à cheval découplait les quatre chiens d'attaque et l'aidait avec le troisième piqueur [illegible]

Les routes étaient bien observées, et lorsque le cerf attaqué en sautait une, celui qui le voyait sonnait fanfare et on avançait au mieux les cinq ou six hardes de meute pour les découpler, soit quarante-six à quarante-huit chiens généralement. Mais on a quelquefois découplé soixante-dix et quatre-vingts chiens.

Pour les relais, il y avait deux hardes de vieille meute et deux hardes de six chiens. Les relais n'étaient généralement jamais ensemble. On les plaçait de façon à faire donner ceux de la vieille meute avant ceux des six chiens. Toutefois, à Rambouillet par exemple, quand on allait attaquer dans les boqueteaux d'où le cerf débouchait pour rentrer en forêt, on mettait ensemble les deux hardes de vieille meute à la rentrée en forêt.

C'étaient les valets de limiers à cheval qui étaient chargés de manœuvrer les relais selon que la chasse prenait telle ou telle refuite. L'un était chargé de la vieille meute et l'autre des six chiens.

A l'hallali sur terre ou à l'eau, après avoir laissé les chiens jouir des abois, le veneur qui commandait la chasse servait le cerf à la carabine que lui donnait un des piqueurs. Les gardes forestiers qui étaient dans leurs cantonnements avaient, par ordre, le fusil chargé à balle les jours de chasse afin que, en cas d'absence des piqueurs à l'hallali, on eût un fusil pour servir le cerf.

Après la chasse, un valet de chiens à cheval en faisait le contrepied en sonnant des requêtés pour recueillir les chiens égarés.

La curée se faisait soit chaude sur place, soit dans la cour de la Vénerie en rentrant, ou après dîner aux flambeaux, s'il était trop tard. Elle était publique.

L'été, la Vénerie étant au repos, quand il arrivait que des animaux sortaient de la forêt et allaient se cantonner dans la campagne où ils faisaient des dégâts, deux ou trois hommes montaient à cheval et emmenaient une harde de huit chiens. Les valets de limiers étant partis devant, les hommes découplaient à leurs brisées et, quand l'animal rentrait en forêt, on arrêtait.

Quand on reprenait les chasses, en août ou en septembre, on en faisait toujours deux ou trois en petite tenue, le matin, pour mettre les chiens en haleine.

LA SAINT-HUBERT

Le jour de la Saint-Hubert, les hommes du chenil, ayant à leur tête le baron Lambert, allaient à la messe à quatre heures du matin (sans les chiens). C'était à l'église Saint-Jacques, la Vénerie étant toujours à Compiègne à cette date. La messe était dite par M. le curé au maître-autel.

Les deux valets de limiers à pied portaient le pain bénit sur leurs épaules avec une civière. Sur le pain bénit était posée la cocarde rouge et verte à lisérés d'or, pour mettre au meilleur chien ce jour-là.

Dans le chœur, sur des chaises, se tenaient : à droite, le baron Lambert avec les piqueurs et les valets de limiers; à gauche, les valets de chiens à cheval et les valets de chiens à pied, tous en grande tenue. Ceux qui allaient au bois après la messe étaient en culotte verte et en guêtres et avaient le couteau de chasse en sautoir. Le premier piqueur et les valets de chiens à pied, qui devaient mener la meute au rendez-vous, avaient la culotte rouge et la trompe. Les hommes avaient le chapeau à la main. On ne sonnait pas dans l'église, mais en partant et en revenant.

Jusqu'en 1860, ce fut le baron Lambert qui eut l'honneur de présenter le cierge (sur lequel des louis d'or étaient incrustés). A partir de 1860, le baron Lambert confia cet honneur à son fils, Tristan Lambert.

Après la messe, les valets de chiens à pied portaient le pain bénit chez le premier piqueur et, avant de partir au bois, les hommes en mangeaient une part.

Ce soir-là, après la curée, les piqueurs apportaient le pain bénit à l'Empereur. Ils entraient dans le salon, où l'Empereur leur parlait.

C'était un vieil usage de la Vénerie royale.

CHASSES DE L'EMPEREUR

Quand l'Empereur chassait, on allait à l'attaque dans l'ordre suivant :

La meute, ayant devant elle deux valets de chiens à pied et, derrière elle, les hommes à cheval, puis le baron Lambert.

L'Empereur et l'Impératrice, avec le Grand veneur ou le Premier veneur.

Les officiers de la Vénerie, les officiers de la Maison de l'Empereur, les invités, etc., etc.

L'Impératrice était accompagnée de son premier écuyer, le baron de Pierres, et de la baronne de Pierres, dame du Palais.

Les gardes forestiers étaient aux carrefours de leurs cantonnements, en grande tenue.

La curée se faisait aux flambeaux, à Fontainebleau, dans la Cour ovale, et à Compiègne, dans la Cour d'honneur. Elle était publique et avait lieu à neuf heures du soir.

L'Empereur venait au balcon, ses invités et sa maison étaient aux fenêtres.

Dans la cour, les valets de pied du château à la livrée impériale, poudrés et le bicorne en bataille (pour les jours de gala, bicorne à plumes blanches et vertes et habit galonné sur les coutures), tenant les torches et s'alternant avec des soldats de la Garde en armes, formaient un vaste ovale, dans lequel se passait la curée. La grille ouverte laissait pénétrer le public, qui se massait derrière les valets de pied et les soldats.

Les hommes de la Vénerie, rangés à droite et à gauche, sonnaient les fanfares, sauf le premier piqueur et les valets de chiens à pied, qui maintenaient les chiens sous le fouet, suivant le signal du premier piqueur, qui était en avant. Un valet de chiens à pied était derrière pour rappeler les chiens. Un autre tenait, en la mouvant, la tête du cerf faisant tête aux chiens.

Après plusieurs allées et venues, le fouet du premier piqueur s'abattait une dernière fois et les chiens faisaient curée. Alors un valet de chiens à cheval cessait de sonner et se joignait au premier piqueur et aux valets de chiens à pied pour maintenir les chiens et les empêcher de se battre.

La curée terminée, les mêmes soldats faisaient évacuer la cour sous la direction des gardiens du château.

En général, l'Empereur chassait à courre aux voyages à Compiègne et à Fontainebleau. Le voyage à Compiègne avait lieu tous les ans ; l'Empereur y arrivait vers le 1er novembre. Le voyage à Fontainebleau avait lieu en juin ou juillet, mais n'était pas régulier. En 1868, l'Empereur y séjourna en juin, juillet, août et septembre, jusqu'au 13.

Hors de ces voyages, l'Empereur ne venait chasser que très rarement, et c'était pour en faire les honneurs à des souverains étrangers ou des invités princiers.

Le Prince Président chassa pour la première fois avec son équipage dans un voyage d'une huitaine de jours qu'il fit à Fontainebleau avec quelques invités, dont la comtesse de Montijo et sa fille, la comtesse de Téba, en novembre 1852.

L'Empereur chassa pour la première fois avec sa vénerie à Compiègne en décembre 1852, pendant un court voyage qu'il vint y faire en l'honneur de la future Impératrice. On prit le cerf à Sainte-Périne.

La première chasse avec l'Empereur et l'Impératrice eut lieu à Saint-Germain le 1er août 1853. Rendez-vous à La Muette.

Le 21 octobre 1853, à Compiègne, rendez-vous aux Beaux-Monts. Rien au rapport. On va attaquer un cerf dix cors dans le parquet de la Landéblin. On ouvre les portes et on fait des brèches. On découple les chiens d'attaque. Attaqué, le cerf sort par une brèche, et on donne les chiens de meute. Après une courte randonnée en forêt, le cerf rentre dans le parquet par une brèche et fait tête aux chiens le long du treillage du jardin du garde. Les cavaliers et les voitures entrent dans la cour tenant à la maison. Le cerf casse le treillage et vient tenir aux chiens devant la porte d'entrée de la maison. Il charge le garde général de la Rue dont il tue le cheval, puis se précipite sur M. Achille Fould qu'il culbute en tuant aussi son cheval. Celui que montait Madame Amédée Thayer (fille du grand-maréchal comte Bertrand) prend peur, fait un écart et lui casse le pied sur une voiture dans laquelle était la princesse Mathilde. Les chiens portent bas le cerf, les valets de chiens à pied Laverdure et Gaillard se jettent sur lui et le maintiennent par la tête, tandis que le Premier veneur le sert.

Ce cerf était un de ceux panneautés à Marly en mars, comme il venait de mettre bas sa tête.

PRÉSENCE DE : L'EMPEREUR ET L'IMPÉRATRICE.

QUELQUES NOTES DE CARNETS

Le 12 février 1856, à Saint-Germain, rendez-vous à La Muette. L'Impératrice suivant la chasse en voiture (le Prince Impérial est né le 16 mars), on barre les ponts pour empêcher le cerf de passer le chemin de fer. Un daguet, attaqué près de l'Étoile du Monde, est pris près de l'Étoile du Roi.

PRÉSENCE DE : L'EMPEREUR ET L'IMPÉRATRICE.

Le 16 décembre 1856, à Fontainebleau, rendez-vous au carrefour d'Achères. Attaqué un cerf dix cors aux Béorlots, pris aux plattières de la Gorge aux Archers.

PRÉSENCE DE : L'EMPEREUR, L'IMPÉRATRICE ET LE PRINCE DE PRUSSE (DEPUIS EMPEREUR FRÉDÉRIC III).

Le 27 mai 1858, à Fontainebleau, rendez-vous à l'avenue de Maintenon. Attaqué à trait de limier dans le haut du rocher Bouligny. Le cerf veut passer le pavé de Bourron; empêché par les voitures, il fait un retour et se fait battre près du mail Henri IV, repasse le rocher Bouligny, gagne la mare d'Épisy, va droit au chêne Brûlé, au rocher Besnard, à la plaine du Rosoir, à Grosbois et est pris dans le Loing après une heure un quart de chasse.

Laisser-courre par Landouiller.

PRÉSENCE DE : L'EMPEREUR, L'IMPÉRATRICE, LE PRINCE NAPOLÉON, LA REINE DE HOLLANDE.

Le 12 juin 1858, à Fontainebleau, rendez-vous à la Croix du Grand Maître. Rapport, de Lafeuille, d'un cerf dix cors au rocher Besnard. Le cerf avait vidé l'enceinte et était suivi depuis longtemps par le valet de limiers à pied qui le gardait. Il avait été : à la porte Nadon, à la Malmontagne et au Chêne feuillu où le valet de limiers venait de le voir par corps. On découple les chiens de meute sur la voie de cet animal sur pied à deux heures. La chaleur et la sécheresse empêchent les chiens de chasser. Quelques chiens le maintiennent, il va au Rosoir, revient près de la Croix du Grand Maître, passe à la Malmontagne, aux ventes Héron, au rocher Fourceau, au Mont Merle, au rocher Bouligny, au mail Henri IV, revient aux ventes Bourbon, il est relancé aux ventes du Diable, il va aux ventes Héron, à Grosbois, aux Longs Rochers. Les chiens chassent avec difficulté et tombent sans cesse à bout de voie. A sept heures passées on a sonné la retraite.

Vers cinq heures, toutes les voitures étaient à la Croix du Grand Maître et le goûter étant déballé, l'Empereur pour faire venir ceux qui étaient disséminés fit sonner l'hallali !

C'était à ce moment que le cerf était relancé aux ventes du Diable.

PRÉSENCE DE : L'EMPEREUR, L'IMPÉRATRICE, LE GRAND VENEUR DE RUSSIE.

Le 9 avril 1859, à Rambouillet, rendez-vous au poteau de Hollande. Attaqué au chêne Baudet, deux cerfs qui vont à l'étang des Mornes où les chiens séparent un cerf dix cors qui va à la Serqueuse, s'approche du débouché des Plains Vauts, revient au rendez-vous, gagne les Ponts Quentins qu'il suit d'un bout à l'autre, passe la Harasserie, débuche, passe au parc d'en bas, remonte au Haut Planet, passe à Serqueuse, à la Croix Esprit, va près de l'étang de Guypereux, remonte aux buttes de Vendôme et se fait prendre à la mare de Serqueuse après deux heures quarante minutes de chasse.

Laisser-courre par Landouiller fils.

PRÉSENCE DE : L'EMPEREUR, L'IMPÉRATRICE, LA PRINCESSE CLOTILDE.

Le 30 novembre 1859, à Fontainebleau, rendez-vous à la Croix de Toulouse. On ne prend pas.

PRÉSENCE DE : L'EMPEREUR, L'IMPÉRATRICE, LE PRINCE NAPOLÉON, LE PRINCE D'ORANGE.

Le 2 décembre 1859, à Compiègne, l'Empereur tire à dix pas un cerf tenant les abois dans l'intérieur du poste de Sainte-Périne au coin d'un mur.

Le 12 juin 1861, pendant un voyage à Fontainebleau, on chasse à quatre heures du soir dans un entreillagement. Le cerf en sort et on arrête après deux heures de chasse.

Le 20 juin, pendant ce même voyage, on fait une chasse de nuit au clair de lune. Rendez-vous à la Croix de Souvray. On chasse dans l'entreillagement du Parc aux Bœufs. Après une heure de chasse on rentre.

Présence de : l'Empereur, l'Impératrice et toute la Cour.

En octobre 1861, il y a de grandes chasses à tir à Compiègne de l'Empereur avec le Roi de Prusse et, à Versailles, de l'Empereur avec le Roi des Pays-Bas.

En octobre 1861, à Compiègne, curée de gala en présence de l'Empereur, l'Impératrice, le Roi de Prusse.

En juin 1867, la Vénerie est présentée, sur leur demande, à l'Empereur de Russie et au Roi de Prusse, par le baron Lambert à Fontainebleau, à la gare du chemin de fer, la chasse projetée, et que les souverains devaient *traverser* avec l'Empereur et l'Impératrice, n'ayant pu avoir lieu par suite des craintes d'attentats survenus après celui de Berezowski.

Le 3 novembre 1867, à Compiègne. Rendez-vous au Fort Poirier. Pris dans l'Oise après une heure de chasse.

Le soir, curée de gala en présence de l'Empereur, l'Impératrice, l'Empereur d'Autriche, les archiducs Charles-Louis et Louis-Victor d'Autriche.

Le 4 novembre 1867, grande chasse à tir à Compiègne, de l'Empereur et de l'Empereur d'Autriche. La plus belle de la Vénerie. Au moment du tableau, l'Impératrice arrive à cheval avec les archiducs Charles-Louis et Louis-Victor d'Autriche et tire de son corsage, où elle la tenait pliée, une dépêche, qu'elle remet rayonnante à l'Empereur d'Autriche. C'était la nouvelle de la victoire de Mentana.

Le 4 septembre 1868, à Fontainebleau, chasse pour le Prince Impérial. Un chien tombe mort et trois sont malades.

Le 21 novembre 1868, à Compiègne. Rendez-vous au Puits d'Antin. Pendant la chasse, le Prince de Galles est chargé et renversé avec son cheval par le cerf. Il n'a aucun mal.

Présence de : l'Empereur, l'Impératrice, le Prince de Galles.

La dernière chasse officielle de la Vénerie a lieu le 20 avril 1870 à Fontainebleau.

Rendez-vous au carrefour Carré. Attaqué un cerf dix cors au carrefour du Planteur, au bois la Dame. Il se fait battre dans toute la partie de Courbuisson, prend l'eau à la Seine en face le bois de Barbeau et, après une demi-heure de bat-l'eau, il est pris au pont de Fontaine-le-Port.
Laisser-courre par : Gaillard, Laverdure et Gouillard.

Présence du Prince Impérial.

Le Prince Impérial était venu à Fontainebleau pour quelques jours aux vacances de Pâques. Il était accompagné du prince Joachim-Napoléon Murat et de ses amis Espinasse, Conneau, Pierre de Bourgoing, des deux fils du général Fleury et M. Maxime Frossard. Le général Frossard, gouverneur du Prince, le capitaine de frégate Charles Duperré, le colonel comte d'Espeuilles, ses officiers d'ordonnance, ainsi que M. Bachon, son écuyer, étaient de service auprès du Prince.

Le Prince Impérial et sa suite habitèrent à ce voyage l'aile Louis XV.

QUELQUES CHASSES CURIEUSES

Le 20 février 1854, à Fontainebleau, rendez-vous à la Belle Croix. Rapport de Chéron :

Trois cerfs (un gros et deux jeunes cerfs) aux Monts de Truys. Les chiens attaquent un jeune cerf. On les arrête, le Premier veneur ayant décidé de chasser le cerf dix cors. On foule à nouveau. Les chiens attaquent un autre cerf, sur lequel on sonne la Royale. Sans qu'on s'en aperçoive, ce cerf dix cors se harde de l'autre jeune cerf. La chasse va grand train sur les ventes Chapelier, revient par le bas du rocher Cuvier-Châtillon et les monts Saint-Père, traverse la vallée de la Solle et arrive aux Écouettes, toujours sans qu'on puisse voir l'animal, et, la terre étant gelée, le revoir est impossible. Des Écouettes, la chasse passe le pavé de la Croix de Toulouse, près de la butte à Guay, où l'animal ruse, passe la route de Bourgogne, gagne le treillage du chemin de fer et revient à la Croix de Toulouse, où deux biches bondissent sous le nez des chiens, qui reviennent à leur cerf. On s'aperçoit alors qu'on chasse une deuxième tête, qui tombe devant les chiens près de la Croix de Toulouse, sur le pavé allant à la Croix d'Augas, après une heure trois quarts de chasse.

On lève la nappe et on se dispose à faire la curée. M. La Trace seul manquait. Peu après il arrive, descendant à fond de train la côte de la Croix d'Augas. Il dit aux officiers de la Vénerie que le cerf dix cors de meute passe la route avant la Croix d'Augas et qu'on va mettre les chiens à la voie. On remonte à cheval et on y va. Les chiens prennent la voie. Le cerf va à la Croix de Toulouse, à la plaine de Samois, revient aux Écouettes, passe le pavé de la Croix de Toulouse juste à l'endroit où est tombée la deuxième tête, *dont il saute la nappe préparée pour la curée*. Les chiens arrivant là font curée sur ce premier cerf. On les fait reprendre leur voie; le cerf retourne à la plaine de Samois, passe le chemin de fer sous un pont, va jusqu'au bois la Dame et se met à l'eau dans la Seine, où il est pris. Cette seconde partie de la chasse dure une heure et demie.

On suppose que ces deux cerfs se sont fait chasser ensemble et que le gros cerf a dû livrer le jeune cerf entre les Écouettes et la Butte à Guay, où il a rusé et où M. La Trace en a eu connaissance, maintenu par quelques chiens.

Le 19 août 1854, à Fontainebleau, on chasse à huit heures du matin, on arrête à onze heures. Sans qu'on le sache, cinq chiens continuent; ils font passer la Seine à leur cerf. Après avoir gagné Chartrette, ils la lui font repasser. Ils le perdent à cette seconde sortie de l'eau, le cerf ayant longtemps descendu le courant. Le cerf continue sa chasse seul et tombe mort *sans chiens* dans la plaine de Bois-le-Roi devant des cultivateurs, qui le rapportent à la vénerie.

Le 6 janvier 1855, une troisième tête tient aux chiens pendant dix minutes, aux Écouettes, au milieu d'un troupeau de vaches, sans les charger.

Le 22 mars 1855, la Vénerie va chasser en forêt de Villefermoys. Rendez-vous aux Montis. On attaque un cerf dix cors au Pin Guérin, près du carrefour des Troncs. Il tourne dans cinq ou six enceintes autour du carrefour de la Meunière et se met à l'étang de Villefermoys. Il longe le bois, y rentre et se remet à l'eau. Il traverse l'étang, en sort et se rase dans un petit bois, près du moulin. Les chiens le relancent, il prend l'eau, traverse tout l'étang, rentre au bois et se remet à l'eau dans la queue de l'étang, où il est noyé par les chiens après deux heures et quart de chasse.

En voyant ce cerf, Landouiller le reconnaît à des marques qu'il lui a faites aux oreilles. Ce cerf était le faon d'une biche prise à Sénart par le prince de Wagram. Elle fut sauvée et était pleine. Son faon fut élevé par le comte Henri Greffulhe. Il devint méchant et le piqueur de M. Greffulhe, Landouiller, le lâcha dans la forêt de Villefermoys, après l'avoir marqué. Il était alors à seconde tête, et il y a treize ans de cela. Il avait donc sa septième tête de cerf dix cors. C'est le même Landouiller, troisième piqueur à la Vénerie, qui le detourna ce jour-là. Il avait mis bas sa tête. Ses mues furent retrouvées, l'une par Landouiller en faisant le bois, l'autre avait été ramassée la veille par un bûcheron. Elles ont été montées sur le massacre de ce cerf, elles pesaient onze livres. Il portait quatorze mal semé.

Le 3 mai 1855, à Fontainebleau, rendez-vous à la table du Grand-maître. On attaque un cerf dix cors à Clairbois. Il va au Bas Bréau, passe le pavé de Paris au carrefour de l'Épine, gagne les Billebauts, le rocher Canon, l'Épine foreuse, où les chiens tombent en défaut. On ne relève le défaut qu'à cinq heures dans le bois Coulant. Le cerf va aux maisons de la Rochette, gagne la Glandée et revient à l'Épine foreuse, se fait battre, retourne au bois Coulant, passe le chemin de fer pour aller à la Seine, revient à la plaine de la Rochette, retourne à la Glandée et à l'Épine foreuse. On arrête à huit heures du soir, à cause de la nuit. Le cerf était entré dans le parc de la Rochette.

On surveille ce cerf, il reste dans le parc.

Le 14 mai, on attaque ce même cerf dans le parc. Il en sort en sautant le mur (huit pieds). Le chien d'attaque Rocador, le chassant à vue, passe aussi le mur. Le cerf va au Bois Coulant, à la Glandée et perce jusqu'à Clairbois (où on l'a attaqué à la chasse précédente), il va au Bas Bréau, passe le rocher Cuvier-Châtillon, gagne les Longues Vallées, l'Épine foreuse, le Bois Coulant et cherche à rentrer dans le parc de la Rochette, puis passe la Seine et va se faire prendre au Buisson de Massoury, après trois heures de chasse.

Ce cerf a donc fait deux chasses sérieuses avec onze jours de repos seulement. Il avait un refait d'une douzaine de centimètres.

Le 18 septembre, à Fontainebleau, chasse à huit heures du matin. Rendez-vous à la Croix de Toulouse. Le cerf se casse les deux jambes en sautant un mur à Sermaise.

En automne 1855, à Compiègne, deux cerfs dix cors furent attaqués ensemble et pris ensemble dans l'étang de Sainte-Périne.

Le 22 août 1860, à Fontainebleau, le célèbre peintre Decamps, en allant au rendez-vous, fut emballé par son cheval dans la route des Ligueurs. En arrivant à une descente des Monts Saint-Père, son cheval refusa la descente et tourna brusquement dans la route à droite. Decamps fut projeté contre un gros baliveau sur lequel il se défonça la poitrine. Il mourut quelques heures après.

J'ai dit que les cerfs des forêts de la Couronne étaient méchants; j'ai cité la chasse du 21 octobre 1853, dans le parquet de la Landéblin, à Compiègne. Voici d'autres exemples :

En 1856, à Saint-Germain, un cerf sur ses fins longeait le mur de clôture de la forêt, du côté de la porte d'Achères. Le valet de chiens à cheval Laverdure suivait les chiens en les appuyant de la voix et de la trompe. Le cerf, profitant du peu d'avance qu'il avait, fait un cercle sans se faire voir et vient planter son andouiller de massacre dans le ventre du cheval de Laverdure, derrière les sangles. Laverdure verse sur la tête du cerf, qui l'envoie par-dessus le mur.

Le 20 février 1866, à Fontainebleau : un cerf, tenant les abois le long d'un palis, le baron Lambert met pied à terre pour le servir à la carabine, ce qu'il faisait à merveille. Un mouvement fait que la balle fracasse la mâchoire supérieure du cerf au lieu de l'œil qui était visé. Le cerf charge le baron, qui le voit soudain apparaître dans la fumée du coup de carabine, et n'a que le temps de se tourner un peu pour garer la poitrine. L'andouiller du cerf traverse le bras gauche du baron, qui est enlevé et retombe à terre quelques pas plus loin, ayant l'épaule démise.

J'ai dit aussi que le 21 novembre 1868, à Compiègne, le prince de Galles fut chargé par le cerf et renversé avec son cheval.

ÉQUIPAGE DE CHEVREUIL DU PRINCE IMPÉRIAL

Dès 1861, en octobre, à Compiègne, le Prince Impérial avait suivi une chasse à cheval, et le mardi 11 novembre 1862, à Compiègne, rendez-vous au puits d'Orléans, le Prince Impérial, monté sur son cheval « Bouton d'or », portait pour la première fois l'uniforme de la Vénerie. Il était accompagné du fils du baron de Bourgoing, Pierre de Bourgoing, qui ne portait pas encore le bouton.

Ce fut en 1865 que le Prince Impérial fit le bois pour la première fois à Fontainebleau et se mit à chasser à courre.

Il eut pour compagnons :

Les deux fils du général Fleury, le fils du général Espinasse, le fils du docteur Conneau, le fils du docteur Corvisart, le fils du baron de Bourgoing.

Ils avaient l'uniforme des officiers de la Vénerie avec la culotte de peau blanche et des bottes vernies à l'écuyère, bordées en haut d'un petit liséré rouge et piquées blanc, la cravate blanche à nœud.

Ils ont, au ceinturon, un petit couteau de chasse d'un modèle spécial, à manche en ébène monté en argent avec têtes de chiens terminant la croix de garde, et un fouet dont le manche était entièrement en corne de rhinocéros imitant par des nœuds le bois d'épine. Ce fouet avait à son crochet un ornement d'or représentant une selle à cheval sur ce crochet, les étriers pendant le long du manche et la croupière allant au bout du crochet qui se terminait par un lacis d'or.

En décembre 1868, à Compiègne, après la dernière série d'invités, l'Empereur fit chasser à tir le Prince Impérial en compagnie du fils du docteur Conneau. Comme ils n'avaient pas de fusils, on prit les fusils de l'Impératrice. On alla dans le grand parc. Le Prince Impérial tua un faisan et un lapin au gîte, et le jeune Louis Conneau, qui tenait aussi un fusil pour la première fois, tua deux bécasses de passage!

Le Prince Impérial chassait à courre pendant les voyages et il venait quelquefois de Paris courre un cerf soit en forêt, soit dans un entreillagement. C'est ainsi qu'il fit la dernière chasse officielle de la Vénerie à Fontainebleau, le 20 avril 1870.

Le Prince Impérial aimant beaucoup la chasse à courre, on eut l'idée, en 1870, de former pour lui un petit équipage de vingt-cinq beagles pour chasser le chevreuil dans les entreillagements.

Ces beagles arrivèrent à Fontainebleau.

Ils furent logés dans le chenil d'été couvert en paille avec enclos en palissades que les hommes avaient fait dans le parquet d'Avon, derrière la grande écurie, pour mettre la meute et les limiers pendant les grosses chaleurs.

C'est là que je les ai vus, la guerre étant déclarée, un jour que j'allais faire mes adieux au baron Lambert qui avait obtenu de l'Empereur de reprendre du service et qui allait partir pour Metz. « Viens voir », me dit-il, et il me mena voir cette petite meute de vingt-cinq jolis beagles et il m'expliqua leur destination.

Ils n'eurent pas le triste sort de la grande meute. On vint les chercher après le 4 septembre sans dire où on les menait. L'opinion des hommes alors fut que les Domaines les avaient fait reprendre par le marchand de chiens anglais Wilton qui venait de les fournir.

LA FIN DE LA VÉNERIE

Après la dernière chasse officielle du 20 avril 1870, la Vénerie a découplé encore une fois quelques jours après au Parc-aux-Bœufs.

La guerre déclarée, le baron Lambert, reprenant du service, partit pour Metz.

Aux premiers revers, l'Impératrice Régente fit venir à Paris, aux écuries de l'Empereur, les chevaux de la Vénerie pour être donnés à l'armée et aux éclaireurs Franchetti.

Au lendemain du 4 septembre, les Domaines donnèrent l'ordre au contrôleur de la Vénerie de faire abattre les chiens, refusant le poison nécessaire et donnant ordre de les assommer.

Il y avait alors quatre-vingt-dix chiens de meute et les limiers dont les hommes purent donner quelques-uns.

Le 14 septembre, les hommes, navrés de cette triste et sauvage besogne, durent donc tuer leurs chiens à coups de masse.

Ils les jetèrent dans un puits qu'on avait creusé, en 1867, dans le parquet d'Avon.

C'est là que reposent les derniers chiens de la Vénerie impériale.

Les hommes furent licenciés.

Enfin, quand l'armée allemande occupa Fontainebleau, elle coupa en petits morceaux les selles, les brides et tous les objets qu'elle trouva aux Héronnières.

APPENDICE

ÉQUIPAGE DU PRINCE PRÉSIDENT

1852

Chef d'équipage	Le colonel comte Edgard Ney.

MEUTE : 40 CHIENS ANGLAIS ET DES LIMIERS

Premier piqueur commandant	M. La Trace.
Premier piqueur piquant	Jean Leroux.
Second piqueur	Lafeuille-Thibaut.
Premier valet de limiers à cheval	Camus.
Deuxième — —	Eugène Lémans.
Premier valet de limiers à pied	Duval père.
Deuxième — —	Eugène Leroux fils.
Troisième — —	Verneuil père.
Premier valet de chiens à cheval	Victor Mildeau, dit Lafeuillade.
Deuxième — —	Lafeuille-Verjus.
Troisième — —	Hubert.
Premier valet de chiens à pied	Charles Lamothe.
Deuxième — —	Laverdure.
Troisième — —	Gaillard.
Quatrième — —	Dugrospré, dit Farfouillot.
Boulanger	Perrier.

VÉNERIE DE LA COURONNE

ÉTAT DU PERSONNEL EN 1854

Grand veneur.	Le maréchal MAGNAN.
Premier veneur	Le comte EDGARD NEY.
Commandant les chasses à tir	Le marquis de TOULONGEON.

Lieutenant faisant fonctions de chef d'équipage, ne quittant pas la Vénerie	Le baron LAMBERT.
Lieutenant de la Vénerie.	Le marquis de LATOUR-MAUBOURG.
Lieutenant des chasses à tir faisant fonctions de porte-arquebuse.	Le baron de LAGE.
Médecin de la Vénerie suivant les chasses	Le docteur AUBIN DES FOUGERAIS.
Peintre de la Vénerie	M. GODEFROY JADIN (nommé en 1854).
Secrétaire général de la Vénerie chez le Premier veneur à Paris	M. ROLLET.
Contrôleur à la Vénerie.	M. le capitaine GIGAUT.

MEUTE : 100 CHIENS ET 20 LIMIERS

Premier piqueur commandant	M. LA TRACE.
Premier piqueur piquant	JEAN LEROUX.
Deuxième piqueur	LAFEUILLE-THIBAUT.
Troisième piqueur	LANDOUILLER (entré en mars 1853).
Premier valet de limiers à cheval.	CAMUS.
Deuxième — —	EUGÈNE LÉMANS.
Premier valet de limiers à pied	DUVAL père.
Deuxième — —	EUGÈNE LEROUX.
Troisième — —	VERNEUIL père.
Premier valet de chiens à cheval.	VICTOR MILDEAU, dit LAFEUILLADE.
Deuxième — —	LAFEUILLE-VERJUS.
Troisième — —	HUBERT.
Quatrième — —	CHARLES LAMOTHE.
Premier valet de chiens à pied	LAVERDURE.
Deuxième — —	GAILLARD.
Troisième — —	DUGROSPRÉ, dit FARFOUILLOT.
Quatrième — —	PAUL VERJUS.
Cinquième — —	EMILE DUCHESNE, dit LABROUSSAILLE.
Surnuméraires.	EUGÈNE DUVAL.
—	LANDOUILLER fils.
Boulanger	PERRIER.

ÉCURIE

Premier piqueur	AUGUSTE.
Premier sous-piqueur.	LOUIS.
Deuxième —	CHARLES LOUAGE.
Postillon	DALIBERT.
Maréchal	TRAVAILLÉ.

24 hommes d'écurie, 50 chevaux.

ÉTAT DU PERSONNEL EN 1858

Premier piqueur	Leroux.
Deuxième —	Lafeuille-Thibaut.
Troisième —	Landouiller.
Premier valet de limiers à cheval	Eugène Lémans.
Deuxième — —	Eugène Leroux fils.
Premier valet de limiers à pied.	Victor Mildeau.
Deuxième — —	Verjus père, dit Lafeuille.
Premier valet de chiens à cheval	Laverdure.
Deuxième — —	Gaillard.
Troisième — —	Verjus fils.
Quatrième — —	Landouiller fils.
Premier valet de chiens à pied.	Noel, dit Duval.
Deuxième — —	Connétable.
Troisième — —	Lémans fils.
Quatrième — —	Hubert Grieux.
Cinquième — —	Charles Flanet.
Sixième — —	Auguste Boutry (second fils Landouiller)
Boulanger	Perrier.

ÉCURIE

Premier piqueur	Louis (il a remplacé Auguste en 1856).
— *sous-piqueur*	Charles Louage.
Deuxième —	Malloire.

ÉTAT DU PERSONNEL EN 1862

Le 25 janvier 1862, Lafeuille-Thibaut, deuxième piqueur, est mis à pied. Il descend premier valet de limiers à pied. Le 1er mai, Leroux prenant sa retraite, Firmin entre à la Vénerie et le remplace comme premier piqueur.

Premier piqueur	Firmin.
Deuxième —	Landouiller.
Troisième —	E. Lémans.
Premier valet de limiers à cheval	Leroux fils.
Deuxième —	Victor Mildeau.
Premier valet de limiers à pied	Lafeuille-Thibaut.
Deuxième — —	Laverdure.
Troisième — —	Gaillard.
Premier valet de chiens à cheval	Verjus fils.
Deuxième — —	Landouiller fils.
Troisième — —	Noel, dit Duval.
Quatrième — —	Lémans fils.
Premier valet de chiens à pied	Gouillard.
Deuxième — —	Auguste Boutry.
Troisième — —	Eugène Parrod, dit Arpin.
Quatrième — —	Desautelle, dit Vol-au-Vent.
Boulanger	Perrier.

ÉCURIE

Premier piqueur	Louis.
— *sous-piqueur*	Charles Louage.
Deuxième —	Malloire.
Cocher	André Gauthier.

Landouiller meurt dans le courant de 1862. E. Lémans passe deuxième piqueur et Eugène Leroux passe troisième piqueur.

ÉTAT DU PERSONNEL EN 1870

Grand veneur . . . . . .   Le prince de la MOSKOWA.

Capitaine des chasses. . .   Le marquis de CASTELBAJAC.

Commandant de la Vénerie .   Le baron LAMBERT.

Lieutenant porte-arquebuse

pour les chasses à tir . .   Le comte COSTA DE BEAUREGARD.

Peintre de la Vénerie. . .   M. GODEFROY JADIN.

Secrétaire général. . . .   M. ROLLET.

Contrôleur à la Vénerie. .   M. le capitaine GIGAUT.

Premier piqueur. . . . . . .   EUGÈNE LÉMANS (nommé en octobre 1866).

Deuxième — . . . . . .   EUGÈNE LEROUX (mis valet de limiers à pied).

Troisième — . . . . . .   VICTOR MILBEAU.

Premier valet de limiers à cheval .   LAVERDURE (mis valet de limiers à pied).

Deuxième — — .   GAILLARD (fait service de deuxième piqueur en place d'Eugène Leroux).

Premier valet de limiers à pied .   LAFEUILLE-THIBAUT.

Deuxième — — .   LANDOUILLER fils (fait service de premier valet de limiers à cheval en place de Laverdure).

Premier valet de chiens à cheval .   DUVAL (fait service de deuxième valet de limiers à cheval en place de Gaillard, piquant).

Deuxième — — .   LÉMANS fils.

Troisième — — .   GOUILLARD.

Quatrième — — .   AUGUSTE BOUTRY.

Premier valet de chiens à pied .   EUGÈNE PARROD.

Deuxième — , — .   DESAUTELLE, dit VOL-AU-VENT.

Troisième — — .   VICTOR GAUVIN.

Quatrième — — .   LAVERDURE fils.

Boulanger . . . .   PERRIER.

ÉCURIE

Premier piqueur . . . . . .   LOUIS.

— *sous-piqueur* . . . .   CHARLES LOUAGE.

Deuxième — . . . .   MALLOIRE.

COSTUMES DES GARDES DES FORÊTS DE LA COURONNE

Les chasses à tir et les forêts de la Couronne dépendant du Grand veneur, je note ci-après les différents costumes portés par les gardes des forêts de la Couronne dans leurs services au point de vue des chasses, soit à courre, soit à tir.

GARDES

GRANDE TENUE POUR LES CHASSES DE L'EMPEREUR A COURRE ET A TIR

Chapeau bicorne en bataille, galonné jonquille, cocarde tricolore, ganse en chèvre jaune, avec un bouton à aigle couronnée, avec légende : « Forêts de la Couronne. »

Habit vert à la française, passepoilé jonquille, cocarde tricolore, col rabattu, arrondi et cousu, avec un cor de chasse jonquille de chaque côté. Cet habit est tenu fermé par une agrafe. Deux boutons d'ornement entre le col et l'agrafe. Le baudrier cachant et maintenant l'habit. En arrivant en haut du pan de l'habit, le passepoil se double d'un second passepoil, qui s'écarte de celui de la bordure à mesure qu'il descend au bas du pan, où il tourne parallèlement à celui de la bordure. De chaque côté, dans l'angle extérieur, il y a un cor de chasse jonquille. Fausses poches à trois pointes, passepoilées avec un bouton dans chacune des pointes, celle du milieu descendant plus bas. Deux boutons de taille. Parements des manches indiqués par un passepoil jonquille, avec deux petits boutons.

Gilet en velours à côtes gris, à col droit, sans passepoil, petits boutons d'uniforme, fausses poches à trois pointes, avec un bouton au milieu.

Col d'uniforme en crin.

Culotte en velours gris pareil au gilet.

Guêtres en cuir fauve, montant au-dessus du genou, à boucles et à dessous de pieds, les boucles s'arrêtent au jarret et la genouillère de la guêtre est maintenue par une courroie qui fait jarretière.

Baudrier vert en drap, de 15 centimètres de large, bordé d'un galon jonquille de 3 centimètres de large, avec une grande plaque ovale ayant un grand N couronné avec légende : « Forêts de la Couronne. »

Couteau de chasse monté en laiton (croix de garde, bout et petit ornement sur la poignée), poignée en corne, fourreau en cuir fauve foncé.

Fusil à deux coups.

Gants de peau blancs.

PETITE TENUE ORDINAIRE

Toque en drap vert, avec un cor de chasse en cuivre en avant, un passepoil jonquille au-dessus d'un galon de cuir verni de 2 centimètres, visière en cuir verni.

Tunique verte à col droit passepoilé, avec un écusson d'angle jonquille; la tunique est passepoilée jonquille et se boutonne droit d'un rang de boutons d'uniforme (en cuivre, à aigle couronnée, avec légende). Elle a une patte pour soutenir le ceinturon. Parements des manches déssinés par le passepoil, avec deux petits boutons.

Col d'uniforme en crin.

Ceinturon noir à plaque carrée, avec un N couronné et la légende : « Forêts de la Couronne. » Le couteau y est suspendu par une bande de cuir comme les baïonnettes des fantassins.

Carnier vaste en cuir, sur la courroie duquel est une plaque de garde carrée, avec un N couronné et la légende.

Pantalon gris bleu clair (couleur chasseurs à pied), passepoilé jonquille.

Petites guêtres à trois boucles et à dessous de pieds, montant au mollet et dans lesquelles on met le pantalon.

Grande pèlerine à capuchon (comme les chasseurs à pied) couleur bleu capote.

Fusil à deux coups.

BRIGADIERS GARDES

GRANDE TENUE

Même tenue que les gardes; mais il y a au col, au lieu d'un cor de chasse, une double broderie de feuilles de chêne en or de chaque côté et un filet d'or dans la ganse du chapeau.

Au baudrier de couteau de chasse, il y a un filet d'or entre le drap vert et le galon jonquille.

PETITE TENUE

Elle est pareille à celle des gardes, mais avec une double broderie de feuilles de chêne en or au col de la tunique, qui n'a pas l'écusson jonquille, et un filet d'or remplace le passepoil jonquille de la cape au-dessus du bandeau en cuir verni.

BRIGADIERS MONTÉS

Même tenue que les brigadiers gardes; mais, au lieu de baudrier de couteau de chasse, ils ont le ceinturon de drap vert à bordure jonquille, avec un filet d'or entre le drap et la bordure, avec plaque carrée à l'N couronné. Ce ceinturon se porte sur l'habit. Et il est du modèle des veneurs. Culotte de velours gris, gilet de même, bottes fortes à éperons d'acier.

Gants blancs en peau.

En grande comme en petite tenue, ils ont la tenue des brigadiers gardes s'ils vont à pied.

S'ils sont à cheval en petite tenue, ils ont la culotte grise et les bottes fortes.

GARDES SÉDENTAIRES

SUIVANT LES CHASSES A TIR COMME MARQUEURS

Casquette verte, broderie double devant pour les brigadiers.

Capote verte croisée à col droit (du modèle de celle des officiers de Dragons de la Garde en petite tenue), avec double rangée de boutons d'uniforme. Broderie au col pour les brigadiers. Col en crin d'uniforme.

Pantalon gris bleu comme les gardes, mais avec une bande verte en place du passepoil.

Petites guêtres à trois boucles.

BRIGADIERS GARDES

DÉPENDANT DE LA VÉNERIE POUR LES CHASSES A TIR

ATTACHÉS AU GRAND VENEUR COMME CHARGEURS ET APPROVISIONNEURS DE CARTOUCHES,

ALLANT D'UN LAYON A L'AUTRE

Casquette verte avec galon de vénerie.

Habit vert à queue courte, à petit col droit échancré devant, boutonné d'un rang de gros boutons en argent, au cerf, de la Vénerie.

Cravate blanche à deux tours.

Culotte de velours vert et guêtres montant aux jarrets, comme les valets de limiers.

GARDES GÉNÉRAUX

Chapeau bicorne à ganse d'or, en colonne.

Tunique verte passepoilée or, broderie complète au collet.

Culotte blanche.

Bottes fortes, éperons argent.

Ceinturon or glacé de fils verts. Le couteau de chasse y est suspendu comme celui des veneurs.

INSPECTEURS

Costume pareil à celui des gardes généraux, mais avec les parements des manches brodés et plumes noires au chapeau.

GENDARMES DES CHASSES

De l'escadron de gendarmes de la Garde impériale, dont la portion centrale était à Saint-Cloud, étaient détachées des brigades dites « des Chasses », qui restaient en permanence dans les résidences de chasse. De plus, quand l'Empereur faisait un voyage ou un déplacement de chasse, quarante gendarmes venaient de Saint-Cloud pour ce voyage ou ce déplacement. Ils étaient chargés de la police en forêt et maintenaient l'ordre parmi le nombreux public à pied, à cheval et en voitures.

Les gendarmes des brigades permanentes dans les résidences de chasse faisaient des tournées de surveillance en forêt, soit à pied, soit à cheval.

A pied, ils portaient le sabre en santoir, soutenu par un baudrier jaune bordé de blanc, fermant sur la poitrine. Au bas du baudrier, un anneau supportait la première bélière du sabre. A pied, comme à cheval, ils portaient le bicorne en colonne comme dans la Garde, dont ils faisaient partie.

Il y avait toujours deux gendarmes des chasses au rendez-vous. Les jours de chasses ordinaires, ils portaient le bicorne, l'habit bleu foncé, des épaulettes blanches, les aiguillettes en fil blanc *à droite*, la culotte bleu clair et les bottes demi-fortes. La giberne et le sabre, dont la buffleterie était jaune, piquée à jour de cinq millimètres, les boutons argentés à l'aigle avec légende : « Garde impériale, Gendarmerie », la plaque de giberne en cuivre jaune avait l'aigle avec la même légende. Les bélières étaient blanches à piqûres.

Les jours de chasses de l'Empereur, ils avaient le bonnet à poil à plumet écarlate et à plaque à aigle, l'habit bleu foncé à plastron rouge, les aiguillettes à droite, les épaulettes blanches, la culotte blanche et les bottes demi-fortes.

Il y avait en permanence un lieutenant à Compiègne et un à Saint-Germain.

Avant la création de la Garde impériale, les gendarmes des chasses portaient le costume de la gendarmerie départementale, avec le bicorne en bataille.

PLANCHES

L'Empereur Napoléon III au Camp de Châlons, frontispice de l'ouvrage par M. Édouard Detaille.

———

La Messe de Saint-Hubert.
Le Chenil. — Le Banc des limiers.
Le Pain.
Au Bois.
Départ de la Meute pour le Rendez-vous.
Le Rapport au Carrefour des Grands Feuillards.
Le Coin de la Vénerie à une Chasse de l'Empereur.
Hallali à l'Étang de la Tour.
Curée de gala aux flambeaux.

———

Valet de chiens rappelant les chiens (planche jointe au texte).

CET ESSAI

SUR

LA VÉNERIE

DE LA COURONNE

1852-1870

A été imprimé à cent exemplaires

ET LES PLANCHES EN ONT ÉTÉ GRAVÉES ET TIRÉES

PAR

MANZI, JOYANT & CIE

Éditeurs-Imprimeurs

A

Asnières-sur-Seine

L'AN MCMV

LA VÉNERIE

La Messe de Saint=Hubert

COMPIÈGNE

ÉGLISE SAINT-JACQUES — 4 HEURES DU MATIN

LA VÉNERIE

La Messe de Saint-Hubert

COMPIÈGNE

ÉGLISE SAINT-JACQUES — 4 HEURES DU MATIN

MAISON DE L'EMPEREUR

LA VÉNERIE

Le Chenil. — Le Banc des Limiers

FONTAINEBLEAU

MAISON DE L'EMPEREUR

LA VÉNERIE

Le Chenil. — Le Banc des Limiers

FONTAINEBLEAU

MAISON DE L'EMPEREUR

———

LA VÉNERIE

———

Le Pain

———

FONTAINEBLEAU

LE BOULANGER   CHENIL DES LIMIERS   CHAMBRE DE GARDE   CHENIL DE LA MEUTE

MAISON DE L'EMPEREUR

LA VÉNERIE

Le Pain

FONTAINEBLEAU

MAISON DE L'EMPEREUR

———

LA VÉNERIE

———

Au Bois

———

SAINT-GERMAIN

ÉTÉ 1853

MAISON DE L'EMPEREUR

LA VÈNERIE

Au Bois

SAINT-GERMAIN
Été 1853

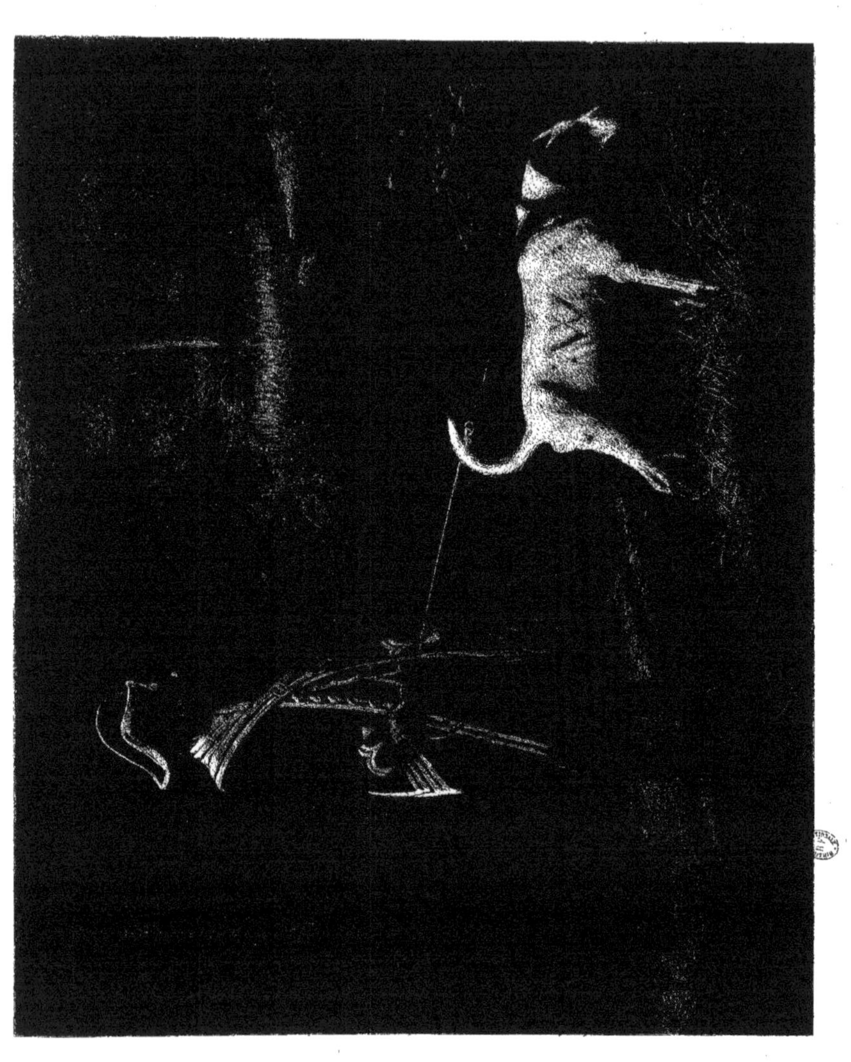

MAISON DE L'EMPEREUR

———

LA VÉNERIE

———

Départ de la Meute pour le Rendez=vous

———

COMPIÈGNE

1862

MAISON DE L'EMPEREUR

LA VÉNERIE

Départ de la Meute pour le Rendez=vous

COMPIÈGNE

1862

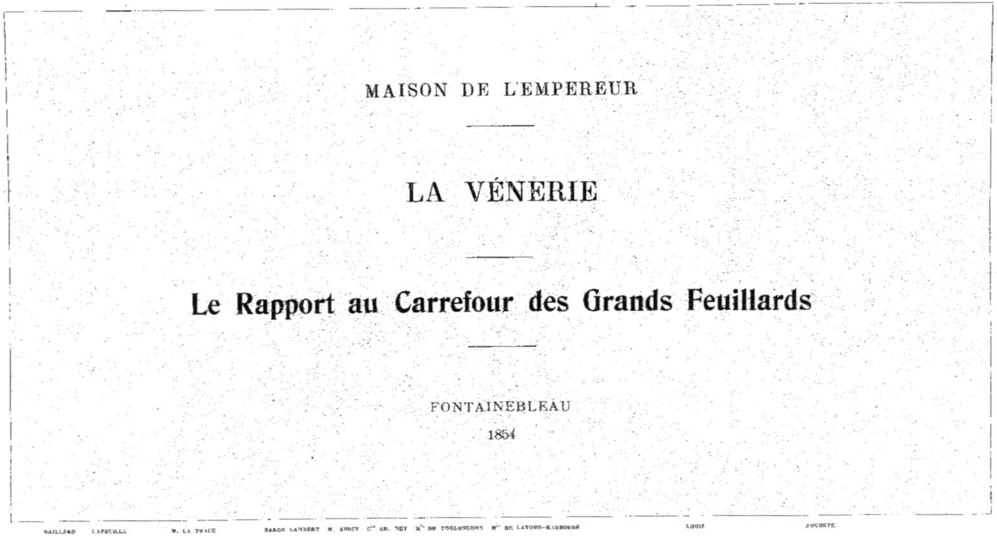

MAISON DE L'EMPEREUR

LA VÉNERIE

Le Rapport au Carrefour des Grands Feuillards

FONTAINEBLEAU

1854

GAILLARD LAFEUILLE   M. LA TRACE   BARON LAMBERT M. AUDIN C.te ED. NEY M.is DE TOULONGEON M.is DE LATOUR-MAUBOURG   LOUIS   AUGUSTE
LEROUX   UN GARDE

MAISON DE L'EMPEREUR

LA VÉNERIE

Le Rapport au Carrefour des Grands Feuillards

FONTAINEBLEAU

1854

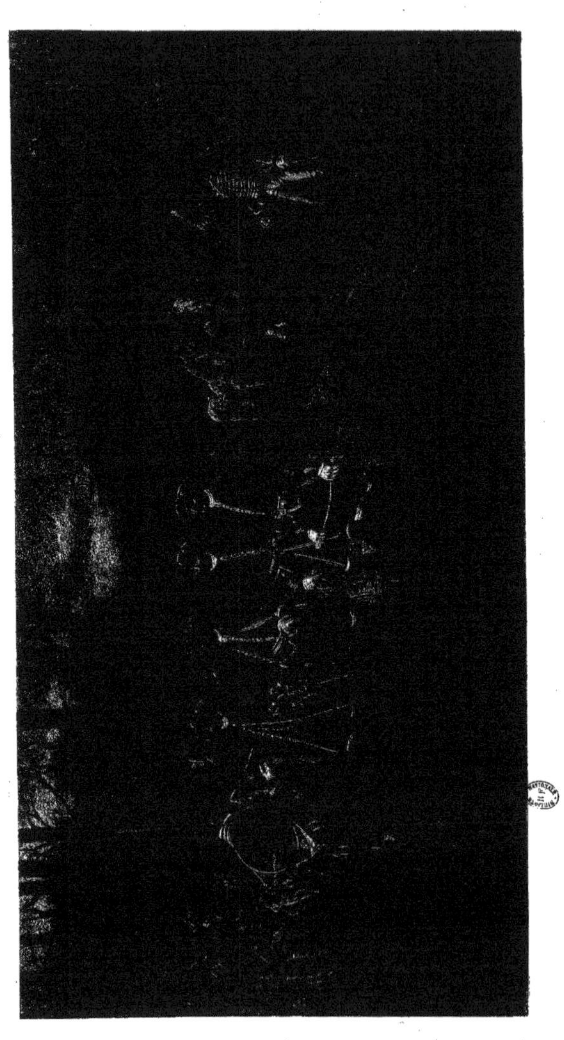

MAISON DE L'EMPEREUR

LA VÉNERIE

Le Coin de la Vénerie à une chasse de l'Empereur

LE PUITS DU ROI. — COMPIÈGNE

1860

GAILLARD BOUTRY LÉMANS LAFEUILLE CHARLES LOUAGE LÉMANS FILS LANDOUILLER LEROUX LOUIS Pᶜᵉ DE LA MOSKOWA Mⁱˢ DE TOULONGEON M. JACOB

BARON LAMBERT Mⁱˢ DE LATOUR-MAUBOURG D' AUBIN

MAISON DE L'EMPEREUR

LA VÉNERIE

Le Coin de la Vénerie à une chasse de l'Empereur

LE PUITS DU ROI. — COMPIÈGNE

1860

MAISON DE L'EMPEREUR

LA VÉNERIE

Hallali à l'Étang de la Tour

RAMBOUILLET
4 MAI 1858

MAISON DE L'EMPEREUR

LA VÉNERIE

Hallali à l'Étang de la Tour

RAMBOUILLET
4 MAI 1858

MAISON DE L'EMPEREUR

LA VÉNERIE

Curée de Gala aux Flambeaux

COMPIÈGNE
3 NOVEMBRE 1867

MAISON DE L'EMPEREUR

LA VÉNERIE

Curée de Gala aux Flambeaux

COMPIÈGNE
9 NOVEMBRE 1901

www.ingramcontent.com/pod-product-compliance
Ingram Content Group UK Ltd.
Pitfield, Milton Keynes, MK11 3LW, UK
UKHW020007100726
13658UKWH00002B/848